Susanne Sturmberg-Seeger

LRS in der Sekundarstufe: Lehrerleitfaden

Ältere Schüler mit Lese- und Rechtschreibschwierigkeiten gezielt fördern

Die Autorin

Susanne Sturmberg-Seeger ist diplomierte Sozialpädagogin.
Sie ist als Legasthenietherapeutin und Sindelartrainerin tätig.

Gedruckt auf umweltbewusst gefertigtem, chlorfrei gebleichtem und alterungsbeständigem Papier.

1. Auflage 2016

Coverfoto: Schüler mit Lehrer © Olaf Ballnus
Satz: Graph & Glyphe, Offenburg

ISBN: 978-3-403-23602-3

www.persen.de

INHALT

■ VORBEMERKUNG

Welches ist die „richtige“ Bezeichnung für die besonderen Schwierigkeiten im Lesen und/oder Schreiben bei Kindern und Jugendlichen?

- Lese-Rechtschreibschwäche (LRS)?
- Legasthenie?
- (isolierte) Lese- und Rechtschreibschwierigkeiten?
- Teilleistungsschwächen/-störungen?
- Entwicklungsverzögerungen im Lesen oder Schreiben?

Seit 1978 findet im schulischen Rahmen laut KMK (Kultusministerkonferenz) der Ausdruck Legasthenie keine Verwendung mehr, da er eine Krankheit oder Behinderung impliziert. Es wird immer nur von Schülerinnen und Schülern mit besonderen Schwierigkeiten im Lesen und Schreiben gesprochen.

Für mich persönlich sind die unterschiedlichen Bezeichnungen nachrangig und für die Arbeit mit den Schülern unerheblich. Mir ist wichtig, wie Kindern mit besonderen Schwierigkeiten im Lesen und/oder Rechtschreiben dabei geholfen werden kann, eine Schullaufbahn einzuschlagen, die ihrer Intelligenz angemessen ist.

Ich werde daher im Folgenden sowohl die Bezeichnung Legasthenie als auch die Bezeichnung LRS verwenden, wenn über die „besonderen Schwierigkeiten im Lesen und Schreiben“ bei Schülerinnen und Schülern gesprochen wird.

Ingeborg Milz meint dazu: *„Leider hat es immer wieder in der Beurteilung der Problematik mehr Auseinandersetzungen als Zusammensetzungen gegeben (...). Es darf aber unter keinen Umständen um Positionskämpfe gehen (...), sondern es ist eine interdisziplinäre Zusammenarbeit notwendig, um die Not der Betroffenen zu wenden. Und es wird immer um das einzelne Kind gehen, denn jedes Kind und jeder Fall ist anders und anders schwer.“*[1]

1 Milz, Ingeborg: Sprechen, Schreiben, Lesen. Teilleistungsschwächen im Bereich der gesprochenen und geschriebenen Sprache. Ein Handbuch für Lehrer, Therapeuten und Eltern. Winter Verlag 2001, S. 234.

1 Einleitung

> ***„Immer wenn ich einen Fehler sehe, denke ich, es sei etwas Neues erfunden."***
>
> *(Johann Wolfgang von Goethe)*

Diesen Leitgedanken unseres berühmten Dichters und Denkers möchte ich meinen Ausführungen voranstellen, weil er eine Haltung zum Ausdruck bringt, die ich nachahmenswert finde. In meiner Arbeit als Legasthenie- und Dyskalkulietherapeutin mit Kindern und Jugendlichen von acht bis achtzehn Jahren bin ich immer wieder überrascht und beeindruckt, mit welcher Kreativität und Fantasie neue Rechenwege kreiert oder Wortgebilde erschaffen werden. Diese zu würdigen und mit einem Augenzwinkern als eine, wenn vielleicht auch nicht zielführende, Lösungsmöglichkeit anzuerkennen, haben mich meine Schüler[2] in meiner achtzehnjährigen Berufspraxis gelehrt. Auch wenn wir uns im Laufe unserer Zusammenarbeit dann gemeinsam daran machen, geeignete Strategien zu erarbeiten, um sicherer mit der Rechtschreibung oder dem Lesen umzugehen, sind sich meine Schüler doch meiner Wertschätzung und der Anerkennung ihrer bisher angewandten Kompensationstechniken sicher.

Um in das Thema Teilleistungsschwächen und vor allem den Umgang damit einzusteigen, möchte ich auf das Bilderbuch „Wenn die Ziege schwimmen lernt"[3] verweisen. Dort wird von einer Schule für Tiere erzählt. Verschiedene Tiere (Enten, Adler, Kaninchen, Eichhörnchen, Präriehunde und ein Aal) nehmen in dieser Schule an einem Curriculum teil, das aus Rennen, Klettern, Fliegen und Schwimmen besteht. Alle Tiere werden in allen Fächern gleichermaßen unterrichtet und es wird ihnen, ungeachtet ihrer körperlichen Konstitution, auch das Gleiche abverlangt. So muss beispielsweise die Ente ständig das Rennen üben und den Schwimmunterricht, der ihr gleichwohl mehr liegt, dafür ausfallen lassen. Das Kaninchen wird gezwungen, im Schwimmunterricht Nachhilfestunden zu nehmen, sodass es schließlich wegen eines Nervenzusammenbruchs die Schule verlassen muss. Schlussendlich hält ein anormaler Aal, der gut schwimmen und etwas rennen, klettern und fliegen kann, als Schulbester die Schlussansprache.

Damit uns nicht ähnliche Fehler unterlaufen, denke ich, dass es wichtig ist, bei aller Förderung und allen berechtigten Ansprüchen an die Leistungen von Schülern, die Begabungen und Fähigkeiten sowie die Individualität eines jeden Schülers nicht aus dem Blick zu verlieren und diese auch zu würdigen. Lob und Bestätigung sowie eine wohlwollende, entspannte Arbeitsatmosphäre sind von elementarer Bedeutung und der Motor allen Lernens. Deshalb ist es entscheidend, sich die Liebe zu den Schülern zu bewahren, ihre Persönlichkeiten anzuerkennen und den Fokus nicht ausschließlich auf die vorhandenen Defizite zu legen. Hierzu merkt der Neurobiologe Gerald Hüther an, dass die wichtigsten Erfahrungen, aus denen das Gehirn lernt, diejenigen seien, die Menschen in ihrer Beziehung zu anderen Menschen machen.[4] Es ist also festzuhalten, dass Erfahrungen im Gehirn immer sowohl kognitiv als auch emotional verankert sind.

---

2 Im folgenden Text wird aus Gründen der besseren Lesbarkeit grundsätzlich die männliche Personenbezeichnung gewählt. Dies ist auch der Tatsache geschuldet, dass 75 Prozent aller Schüler mit Rechtschreibschwierigkeiten Jungen sind. Gleichwohl ist mir bekannt, dass die überwiegende Zahl der Therapeuten und Lehrer Frauen sind.

3 Vgl. Most, Nele/Kunstreich, Pieter: Wenn die Ziege schwimmen lernt. Parabel Verlag 2004.

4 Vgl. Hüther, Gerald: Auf dem Weg zu einer anderen Schulkultur – Die Bedeutung von Geist und Haltung aus neurobiologischer Sicht (http://www.deutschlehrerzentrum.uni-goettingen.de/docs/materialien/DLT_Huether_Schulkultur.pdf).

2 FEHLER ALS HERAUSFORDERUNG

Allen Menschen unterlaufen immer wieder Fehler und dies sollten wir akzeptieren. All das, was wir falsch machen, aus unserem Alltag eliminieren zu wollen, erscheint wenig sinnvoll, denn nur durch Fehler, die wir alle immer wieder begehen, können wir lernen, uns mit ihnen auseinanderzusetzen und sie künftig zu vermeiden.[5] Allerdings verwirrt die herkömmliche Art der Fehlerverbesserung Schüler eher, als dass sie ihnen hilft – besonders dann, wenn die Jugendlichen viele Fehler machen.

2.1 WISSENSWERTES ZUR FEHLERKORREKTUR

Schüler werden durch viele rot korrigierte Stellen in ihren schriftlichen Arbeiten demotiviert, weswegen ihre Leistungsbereitschaft sowie ihre Lust zu lernen abnehmen. Durch diesen Motivationsmangel werden die Chancen vernichtet, die jedes Bildungsangebot in sich trägt. Wird das falsche Wortbild durch die Hervorhebung des Fehlers im visuellen Gedächtnis gespeichert, prägt es sich dadurch nur noch stärker ein. Die Markierung der Fehler und ihre Auflistung entmutigt Schüler und erzieht sie zu einer misserfolgs- und versagensorientierten Haltung, die sich wiederum negativ auf die Lernmotivation auswirkt.[6]

Also ist im Bereich der Fehlerkorrektur ein Umdenken erforderlich. Denn werden Schüler auf das Richtige hingewiesen, wird dies im Gedächtnis gespeichert. Erfolg erfreut und Freude wiederum steigert die Leistungsmotivation. Deshalb sollten Lehrer im Umgang mit Schülern, die Rechtschreibschwierigkeiten haben, die Vokabeln „falsch“ und „Fehler“ aus ihrem Wortschatz streichen.

Auch bei der Bewertung schriftlicher Arbeiten muss ein Wandel stattfinden: Statt Fehler anzustreichen, sollten die richtigen Wörter grün markiert werden. Statt der falschen Wörter sollten die richtigen gezählt und den Schülern zurückgemeldet werden. Dann kann damit begonnen werden, die richtigen Wortbilder zu speichern, sodass sich der Speicher des visuellen Gedächtnisses allmählich mit richtig geschriebenen Wörtern füllt.

Über vier Jahre führte Frau Dr. Brigitte Sindelar eine Langzeitstudie an Wiener Volksschulen durch, um der Fragestellung nachzugehen, was aus Fehlern zu lernen sei. Bei dieser Studie wurden 250 Kinder von der ersten bis zur vierten Klasse begleitet. Am Ende eines Schuljahres wurde die Rechtschreib-, die Lese- oder auch die Rechenleistung getestet. Zudem gab es eine Kontrollgruppe mit etwa 380 Kindern. Zur Auswertung lagen insgesamt 1100 vollständige Datensätze vor. Fasst man die Ergebnisse zusammen, lässt sich feststellen, dass ab Ende des zweiten Schuljahres die „Fehlerkillerkinder“ signifikant höhere Motivationswerte als die Kontrollgruppe aufwiesen. Außerdem zeigten am Ende des vierten Schuljahres 42 Prozent der „Fehlerkillerkinder“ überdurchschnittliche Leistungen in der Rechtschreibung, jedoch nur 19 Prozent der Kontrollgruppe. Die Ergebnisse der Studie lassen unter anderem den Schluss zu, dass die Art und Weise wie mit Fehlern umgegangen wird, entscheidenden Einfluss auf die Leistungsmotivation und die Lernbereitschaft hat. Seelische Belastungen haben demnach eine höhere Bedeutung für Lernmotivation und Leistung als Methodik und Didaktik. Zwar fand die Studie an Grundschulen statt, sie basiert jedoch auf dem Grundansatz, dass richtige Wörter über einen Wortbildspeicher behalten werden

---

5 Vgl. ebd.

6 Vgl. Sindelar, Brigitte/Hejze, Dorit/Langer, Vivien: Das Fehlerkillerprojekt: Leistungsmotivation und Lernerfolg bei Volksschulkindern. In: Pädiatrie & Pädologie, 47 (2011), S. 23–27. Beim Fehlerkillerspiel handelt es sich um ein Trainingsprogramm von Brigitte Sindelar auf einer CD, bei dem Schüler gezielt ihre Fehler mit ‚Pfeil und Bogen abschießen‘, d.h. eliminieren und durch das richtige Wort ersetzen und abspeichern.

und dass das visuelle Gedächtnis ausschließlich die richtig geschriebenen Wörter speichern soll. Dieser Ansatz gilt grundsätzlich für alle Schüler, unabhängig von Schulform und Klassenstufe.

Hebt man also das richtig Geschriebene hervor, statt wie bisher üblich die Fehler anzustreichen, erreicht man völlig kostenfrei, aber wirksam, eine Reform des Schulunterrichts, ohne das Schulgesetz zu verändern. Als positive „Nebenwirkung" wird die Lern- und Leistungsmotivation der Schüler deutlich verbessert.[7]

2.2 DIE FEHLERANALYSE

Grundsätzlich gibt es zwei Möglichkeiten, die Fehler in geschriebenen Texten oder in Rechtschreibtests auszuwerten. Es wird hierbei zwischen der **quantitativen** und der **qualitativen Fehlerauswertung** unterschieden.

Bei der **quantitativen Auswertung** geht es lediglich um die Feststellung des Rohwertes. Das bedeutet, dass gezählt wird, wie viele Wörter eines Textes richtig geschrieben werden. Die quantitative Auswertung ist hilfreich, um festzustellen, ob Schüler überproportional viele Fehler machen und ob besondere Schwierigkeiten beim Lesen und/oder Schreiben vorliegen. Sie gibt erste Hinweise auf einen möglichen Förderbedarf. Die meisten Rechtschreibtests werden hinsichtlich des Rohwertes ausgewertet. Mithilfe von Auswertungstabellen wird der ermittelte Rohwert in einen Prozentrang umgewandelt, welcher Auskunft darüber gibt, ob Schüler z. B. von einer Teilleistungsschwäche betroffen sind (siehe auch 8.3).

In der **qualitativen Fehleranalyse** werden die Fehler genauer untersucht. Sie ist wichtig für alle, die Schüler fördern, und zwar inner- wie außerschulisch. Es muss klar sein, zu welchem Bereich die begangenen Fehler gehören. Gemäß dem Konzept der Rechtschreibtreppe (siehe 3) lassen Fehler sich grob in **vier Gruppen** einteilen: Handelt es sich um **lautgetreue Fehler**, **Ableitungsfehler**, Fehler in der **Großschreibung** oder um **Speicherfehler**?

Auch ist es wichtig festzustellen, ob in einem Wort mehrere Fehler vorkommen, d. h., wir müssen wissen, wie hoch der Mehrfachfehlerquotient ist.

Deshalb muss eine detaillierte Fehleranalyse durchgeführt werden. Außerdem ist die Entscheidung zu treffen, welche Wörter im Moment wichtig sind und daher in den Fokus gerückt werden sollten, damit es den Schülern zukünftig gelingen kann, sie richtig zu schreiben. Mithilfe der Fehleranalyse können wir **jedes** Schriftstück – egal ob Einkaufszettel, Hausaufgaben oder Postkarte – hinsichtlich der Fehler genauestens untersuchen. Dies hat den großen Vorteil, dass nicht zusätzlich ein Rechtschreibtest durchgeführt werden muss. Aus der Fülle der ohnehin vorhandenen Materialien werden die Fehler herausgegriffen und den einzelnen Rechtschreibbereichen zugeordnet.

Lehrkräfte erhalten dadurch Aufschluss über den aktuellen Fehlerschwerpunkt oder, zu Beginn der Förderung, über die Lernausgangslage. Die Schüler sollen sich nur das richtig geschriebene Wort anschauen, seine Besonderheiten oder die jeweils zugrunde liegende Strategie verstehen und es einmal richtig abschreiben (siehe auch 2.1, S. 6).

Einen Analysebogen zur Durchführung einer qualitativen Fehleranalyse finden Sie im Anhang (S. 51).

7 Vgl. ebd.

3 SYSTEMATISCHER AUFBAU VON RECHTSCHREIBKOMPETENZ MITHILFE DER RECHTSCHREIBTREPPE

Um den Aufbau der deutschen Rechtschreibung zu verstehen und für Schüler transparent und damit nachvollziehbar zu machen, ist eine Struktur nötig, ein „roter Faden“, an dem man sich „entlanghangeln“ kann. Mithilfe der von mir entwickelten Rechtschreibtreppe wird die Rechtschreibung in vier Bereiche aufgeteilt, systematisch aufgebaut und durch kontinuierliches Herleiten beziehungsweise Beweisen wird die korrekte Schreibung von Wörtern gefestigt.

DIE RECHTSCHREIBTREPPE

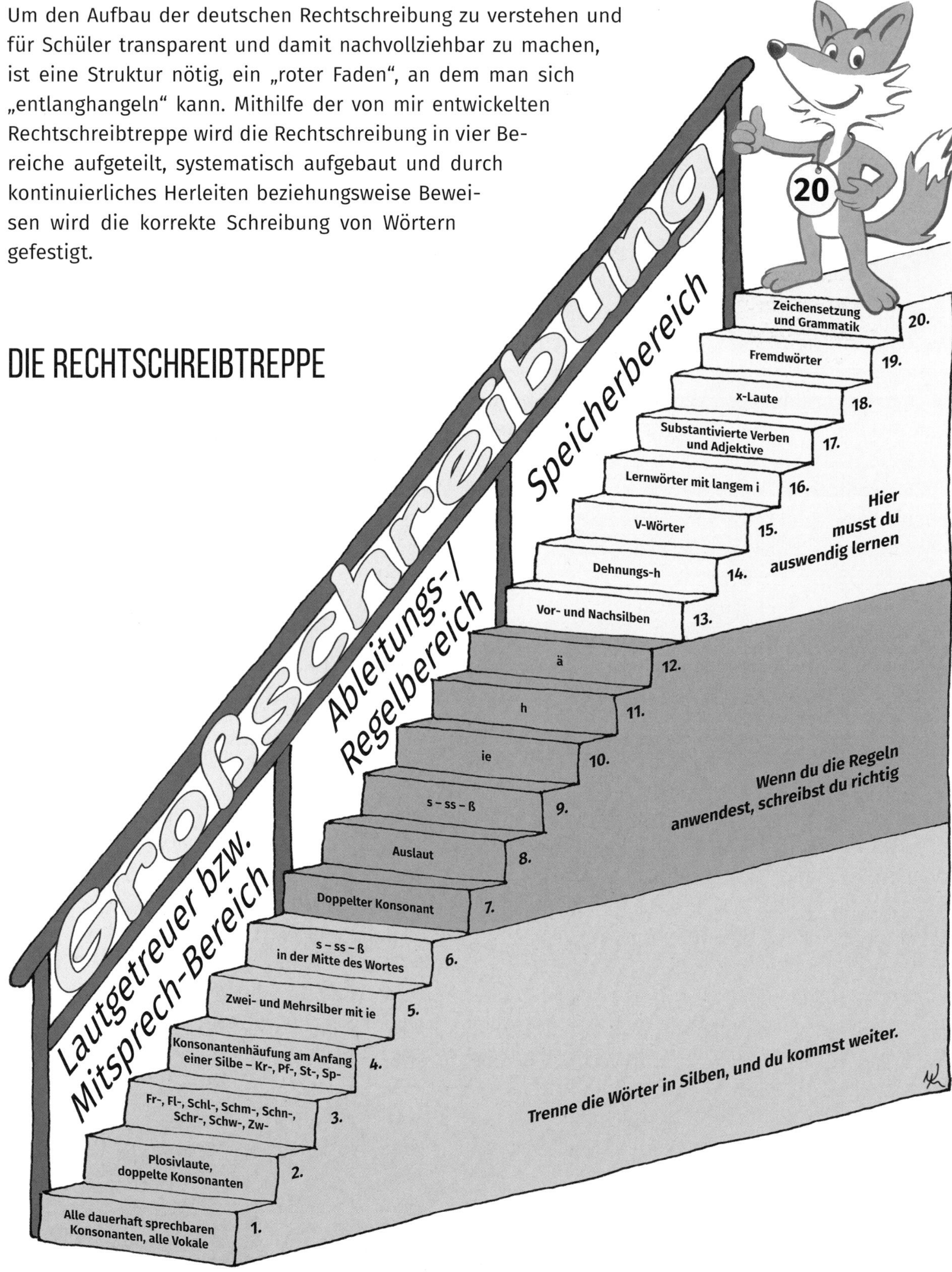

Vorweg möchte ich auf einige Grundsätze einer effektiven Förderung von **Schülern mit besonderen Schwierigkeiten** im Lesen, Schreiben oder Rechtschreiben eingehen.

Zu Beginn der Förderung, um dem Schüler Erleichterung und Klarheit zu verschaffen, sollte man zunächst folgende Regeln als Basis einführen:

- Wörter werden grundsätzlich **nicht** schriftlich getrennt! Wir trennen Wörter ausschließlich in ihre **Sprechsilben**.
- Alle Selbstlaute dürfen bei **gesprochenen Wörtern** auch allein in einer Silbe stehen.
- Silben sollten klar voneinander abgegrenzt, mit Silbenbögen (oder senkrechten beziehungsweise waagerechten Strichen) unterteilt werden.
- Bei *ch*- und *sch*-Lauten kann es Silbengelenke geben.
- Wörter mit *ck* werden – in Sprechsilben – zwischen dem *c* und dem *k* getrennt!

Zur schriftlichen Trennung ist anzumerken, dass es kontraproduktiv ist, Wörter entgegen ihres Sprechrhythmus zu trennen, wie bei *We-cker* statt *Wec-ker* oder *Ja-cke* statt *Jac-ke*, in diesem Fall wird der Vokal nämlich lang gesprochen und der (normale) Wortklang völlig entfremdet. Dies gilt gleichermaßen für Wörter wie *Amei-se* statt *A-mei-se*. In der Förderung geht es aber gerade darum, das natürliche Rhythmusgefühl der Schüler wiederzuerwecken oder gemeinsam mit ihnen auszubilden, damit ihnen das richtige Schreiben von Wörtern erleichtert beziehungsweise ermöglicht wird.

Zu beachten ist, dass es nicht **ein** oder **das** ultimative Förderkonzept gibt.

Eine gute Förderung sollte ...

- in erster Linie Selbstbewusstsein und Selbstorganisation ermöglichen.
- einen Leitfaden bieten.
- Erfolgserlebnisse vermitteln.
- flexibel und offen für Ergänzungen sein.
- ermutigen und Stärken bewusst machen.
- Lernhemmungen und Lernblockaden abbauen.
- Handwerkszeug beziehungsweise Arbeitstechniken vermitteln, damit die Schüler mit ihren Schwierigkeiten besser umzugehen lernen.

Von elementarer Bedeutung bei der Förderung ist die Arbeit mit **Silben** als den **kleinsten Wortbausteinen**.

Die Unterscheidung von langen und kurzen Vokalen oder auch das Buchstabieren von Wörtern sollte hingegen **unbedingt** vermieden werden. Die Begründung hierfür liegt darin, dass viele Schüler gerade in der auditiven Figur-Grund-Differenzierung oder in der auditiven Differenzierung Schwierigkeiten haben und somit die vermeintliche Hilfestellung überhaupt nicht anwenden können. Im Gegenteil: Sie werden hierdurch nur noch stärker verwirrt.[8]

Wörter können in Silben geklatscht, gehüpft oder auch mit einem Gegenstand (z. B. kleiner Ball oder Radiergummi), den man hochwirft, in Silben geteilt werden. Wichtig ist, dass man auf **eindeutige** Silbenpausen achtet und beim Klatschen das Gesprochene nicht übertönt. Der Vorteil des Silbenspringens liegt darin, dass es etwa 85 Prozent aller Kinder gelingt, mithilfe ihres natürlichen Sprachrhythmus die Wörter korrekt in Silben zu teilen. Dies sollte man sich zunutze machen. Mit den übrigen 15 Prozent der

8 Vgl. Sindelar, Brigitte: Handanweisung zum Verfahren zur Erfassung von Teilleistungsschwächen. 6. überarbeitete Auflage, Verlag Austria Press 2002.

Schüler ist dies immer wieder gemeinsam zu üben. Das Silbenspringen sollte ohnehin fester Bestandteil einer jeden Fördereinheit werden.

Ein weiteres Förderelement ist das **silbensynchrone Sprechschreiben**. Hierbei wird jedes Wort in Silben unterteilt und dann wird (zunächst laut, später leise) jeder einzelne Laut einer Silbe so langsam gesprochen, wie es nötig ist, um diesen zu verschriften. Dadurch werden alle Laute hörbar gemacht, es wird keiner vergessen und Stück für Stück entstehen auf dem Papier Silben, Wörter und schließlich Sätze.

Schwierigkeiten im Lesen oder Rechtschreiben können sehr unterschiedlich ausgeprägt sein, daher sollte eine schulische Förderung möglichst vielfältig angelegt sein und verschiedene Förderebenen ansprechen. Die Kunst besteht darin, neben dem „roten Faden" (der Rechtschreibtreppe), die Förderung immer wieder mit verschiedensten Inhalten zu füllen und zu ergänzen – ähnlich wie die unterschiedlichen Schubladen eines Apothekerschranks – und sie möglichst vielseitig, unterschiedlich und situativ angepasst zu gestalten.

Es braucht Geduld, um Lese- und Rechtschreibschwierigkeiten abzubauen. Wenn Sie, trotz engagierter, kontinuierlicher Förderung in der Schule, auch nach einem Jahr merken, dass einzelne Schüler noch immer überproportional viele Fehler machen und nach wie vor besondere Schwierigkeiten im Lesen und/oder Schreiben haben, dann sollten Sie ein Elterngespräch führen und den Eltern Adressen von Diagnostikern an die Hand geben, um gegebenenfalls eine außerschulische Legasthenietherapie in die Wege zu leiten (siehe 7).

3.1 DER LAUTGETREUE BEREICH

Die Förderung beginnt im **lautgetreuen Bereich**. Dieser umfasst die Stufen 1 bis 6 der Rechtschreibtreppe und wird dadurch charakterisiert, dass Wörter genau so geschrieben werden, wie die Laute klingen, wenn die Worte in Silben getrennt werden. Das bedeutet, wenn ich z. B. das Wort *Sonnenblume* in Silben unterteile (*Son-nen-blu-me*), wird dieses lange Wort übersichtlicher und ermöglicht es mir, jeden einzelnen Laut akustisch eindeutig zu differenzieren, ihn hörbar zu machen und ihn anschließend zu verschriften. Wichtig ist, dass während der Förderung in den ersten sechs Stufen nach Möglichkeit **nur** lautgetreues Wortmaterial verwendet wird.

Dies gilt sowohl für das Schreiben als auch für das Lesen. Viele Texte und Arbeitsblätter lassen sich schon dadurch umgestalten, dass man die Mehrzahlformen der Nomen oder Verben in der 1. beziehungsweise 3. Person Plural oder den Komparativ von Adjektiven verwendet. Statt einen Satz wie *„Der Hund rennt über die Straße"* zu verwenden, in dem sich das Wort *Hund* anhört wie *Hunt* und das Wort *rennt* klingt wie *rent*, ist es im lautgetreuen Bereich erforderlich, Sätze und Wörter eindeutig zu schreiben: *„Hunde rennen über Straßen."* Teile ich jetzt die Wörter in Silben ein, kann ich die einzelnen Silben genau so schreiben, wie sie klingen: *„Hun-de ren-nen ü-ber Stra-ßen."*

An dieser Stelle muss ich einräumen, dass es leider nicht gelingt, gänzlich auf Speicherwörter (also Wörter, die man auswendig lernen muss) zu verzichten. Zu schwierig wäre der Satzbau, wenn man Wörter wie beispielsweise *und, sie, ihr, ihre* oder *die* weglassen wollte. Deshalb ist es wichtig, diese Wörter gleich zu Beginn als **Speicherwörter** einzuführen und sie von den Schülern auswendig lernen zu lassen.

Grundsätzlich gilt, dass **nach Abschluss einer jeden Stufe** immer eine Art Überprüfung des Gelernten stehen sollte. Ob dies mit dem klassischen Diktat, z. B. in Form von einzelnen Diktatsätzen mit den jeweils relevanten Rechtschreibphänomen, stattfindet oder ob es eher spielerisch in Form des „Kasino-Spiels" oder der „Bingo"-Variante (siehe Anhang, S. 52) geschieht, muss man als Lehrkraft im Einzelfall abwägen. Wichtig ist, dass überprüft wird, ob die bearbeiteten Themen auch im Textzusammenhang und unter Zeitdruck angewandt werden können. Es ist nämlich für die meisten Schüler schwierig, das Gelernte dann auch in „Echtzeit“, beispielsweise bei einer Klassenarbeit, umzusetzen. Meist häufen sich die Fehler dann wieder. Einerseits in Diktaten, durch den Anspruch unter Zeitdruck alles richtig schreiben zu wollen, andererseits bei der Textarbeit, wenn der Fokus auf der inhaltlichen Gestaltung liegt.

Zur Beschreibung der einzelnen Stufen:

Auf **Stufe 1** geht es um alle deutlich mitsprechbaren (dehnbaren) Konsonanten im Wort wie *f, m, n, s, w, l, h, r, j, z, sch* und *ch*. Jeder Buchstabe kann – wenn das Wort korrekt in Silben gegliedert wird – gehört und verschriftet werden. Hier muss auch darauf geachtet werden, ob die Schüler die Phonem-Graphem-Korrespondenz beherrschen. Das heißt, es ist festzustellen, ob alle Buchstaben ihren korrekten Lauten zugeordnet werden und ob die Vokale *o – u/a – e/i – e* alle richtig verschriftet werden. In dieser Stufe kommen noch **keine** Konsonantenhäufungen am Anfang oder Ende von Wörtern vor und auch noch **keine** Doppelkonsonanten.

Auf **Stufe 2** kommen zu den Wörtern von Stufe 1 auch die nicht dehnbaren, plosiven Konsonanten *B/b – P/p, G/g – K/k, D/d – T/t* (z. B. ***D**orf* – ***T**orf, En**d**e – En**t**e, **b**acken – **p**acken* und ***K**ugel – **G**urke*) neu dazu. Jetzt werden auch die **Doppelkonsonanten** (auch: *tz, z, ck, k*) eingeführt. Wörter mit Doppelkonsonanten sollten immer auch im Kontrast zu Wörtern mit einfachen Konsonanten *(e**s**-**s**en/E-sel oder Ra**s**-**s**en/ Ra-sen* verwendet werden, damit für die Schüler der unterschiedliche Sprechrhythmus erlebbar wird. Ebenso geht es in dieser Stufe um Wörter mit **Konsonantenhäufung am Silbenende** (*-lf, -lm, -lch, -ln, -rn, -nk*), wie z. B. bei den Wörtern *Go**lf**, Ra**lf**, Fi**lm**, He**lm**, Mi**lch**, sege**ln**, albe**rn**, ge**rn*** und *Ba**nk***. Auch Wörter mit *pf* in der Mitte des Wortes (wie z. B. *A**pf**el, zu**pf**en, hü**pf**en)* sind Thema dieser Stufe.

Stufe 3 beschäftigt sich mit allen **dauerhaft sprechbaren Konsonanten am Anfang einer Silbe** wie *Fr-, Fl-, Schl-, Schm-, Schn-, Schr-, Schw-* und *Zw-* (z. B. bei den Wörtern ***Fr**isör, **Fl**asche, **Schl**ange, **Schm**erzen, **Schn**ecke, **Schr**ank, **Schw**elle, **Zw**eifel*). Für manche Schüler sind diese Konsonantenhäufungen schwierig zu differenzieren („Sieht ja alles gleich aus!“). Hier sollte man aber auch eine visuelle Differenzierungsschwäche als mögliche Ursache in Erwägung ziehen (siehe 8.2, S. 40).

Mit **Stufe 4** kommen die **Konsonantenhäufungen am Silbenanfang mit Plosivlauten und dauerhaft sprechbaren Konsonanten** (*Bl-, Br-, Pl-, Pr-, Tr-, Dr-, Gr-, Gl-, Kr-, Kl-, Kn-*) hinzu. Auch geht es in dieser Stufe um Wörter mit *Pf-* und *Pfl-* am Silbenanfang und Wörter mit *Qu-/qu-*. An dieser Stelle kommt auch das erste Regelblatt zur *Qu-/qu*-Schreibung zum Einsatz. Ein weiterer Themenbereich in dieser Stufe sind die Wörter mit *St-* und *Sp-* (z. B. ***St**raße, **St**ifte, **Sp**iele, **Sp**innen*). Auch hierfür gibt es ein Regelblatt.

Für die Einführung eines Themas, bei dem neue Regeln angewandt werden sollen, ist zu beachten, dass diese als Erstes mit den Schülern erarbeitet werden sollten. Wenn es kein separates Regelblatt gibt, sind die Regeln immer oben auf dem jeweiligen Arbeitsblatt anzugeben.

Auf **Stufe 5** werden die **Wörter mit *ie* am Ende einer Silbe** behandelt, bei denen in 75 Prozent aller Fälle das lang klingende *i* als *ie* (*z. B. L**ie**-be, Br**ie**-fe, te-le-fo-n**ie**-ren, s**ie**-ben*) verschriftet wird. Zur Gegenüberstellung sollte man Wörter mit einfachem *i* wählen, damit für die Schüler die Unterscheidung der beiden Laute nachvollziehbar wird (z. B. *P**i**n-sel, Ge-w**i**t-ter, s**i**n-gen, tr**i**n-ken*). Unerlässlich ist es hier, mit Silbenbögen zu arbeiten, damit das Ende einer Silbe tatsächlich hör- und auch sichtbar wird. An dieser Stelle ist es auch wichtig, darauf hinzuweisen, dass es bei den *i*-Lauten auch Ausnahmen gibt (*z. B. T**i**-ger, Ap-fel-s**i**-ne, Ma-sch**i**-ne)*, dass diese aber auswendig gelernt werden müssen und sie daher erst später – nämlich im Speicherbereich – behandelt werden.

Der lautgetreue Bereich schließt mit der **Stufe 6**, den **s-Lauten**, ab. Hier geht es um Wörter mit drei verschiedenen s-Lauten, nämlich s, ss und **ß**, die **in der Mitte des Wortes** stehen. Die Unterteilung der s-Laute wird mithilfe dreier verschiedener Bilder veranschaulicht:

Hört sich das **s** an wie das Summen einer **Fliege**, also **weich und summend**, wird es „**s**“ geschrieben.

Hört sich das **s** an wie das Zischen einer **Schlange**, also **scharf und zischend**, wird es **„ß“** geschrieben.

Hört sich das **s scharf** wie ein **Messer** und immer **doppelt** an, wird es „**ss**“ geschrieben.

Auch hier wird zu Beginn wieder mit einem Regelblatt gearbeitet.

Die Arbeitsblätter zu den Stufen 1 bis 6 finden sich in dem Materialband „LRS in der Sekundarstufe: Rechtschreibtraining. Übungsmaterial für den lautgetreuen und den Ableitungsbereich“ (Bestellnr. 23603).

3.2 DER ABLEITUNGSBEREICH

Bei Wörtern aus diesem Bereich kann man nicht sofort erkennen, wie ein Wort richtig geschrieben wird, da man das silbensynchrone Sprechschreiben zunächst nicht anwenden kann. Deshalb müssen die Wörter verändert beziehungsweise abgeleitet werden, damit das Aufgliedern in Sprechsilben wieder möglich wird. Hierfür gibt es drei verschiedene **Beweismöglichkeiten:**

1) Bei **Verben** muss man auf das ***t*-Signal** achten oder, wenn sie im Imperativ stehen, den Infinitiv beziehungsweise die Wir-Form bilden.
2) Handelt es sich um **Nomen**, muss ich den **Verlängerungstrick** anwenden, d. h. die Mehrzahl bilden.
3) **Adjektive** werden ebenfalls verlängert oder gesteigert (Komparativ).

Bei **zusammengesetzten Nomen** muss man zunächst den **Knacktrick** anwenden und dann beweisen, woher das abzuleitende Wort kommt.

Diese drei Strategien wiederholen sich bei allen Ableitungsphänomenen (Stufen 7 bis 12) und können daher gut gelernt, behalten und **übertragen** werden. Einen Überblick gibt die folgende Tabelle:

12. Stufe: *ä/äu*

11. Stufe: *h*-Wörter

10. Stufe: *i – ie*

9. Stufe: *s, ss, ß*

8. Stufe: Auslaute (*g – k, d – t, b – p*)

7. Stufe: Doppelkonsonanten (am Ende des Wortes)

Verben: t-Signal und Verben im Imperativ
(→ Bildung der Wir-/Grundform bzw. des Infinitivs)

Nomen: Verlängerungstrick
(→ Mehrzahl)

Adjektive: Verlängerungstrick
(→ durch Steigerung bzw. Bildung des Komparativs)

zusammengesetze Nomen: Knacktrick
(→ in zwei Wörter teilen, dann das relevante Wort ableiten)

Für die Automatisierung des Gelernten ist es für die Schüler überaus hilfreich, dass jede dieser drei Strategien bei allen Rechtschreibphänomen des Ableitungsbereiches gilt.

Zum **t-Signal** bei **Verben mit doppeltem Konsonanten**: Hört man ein *t* in der Endung eines Verbs, kann man nie genau wissen, wie das Verb geschrieben wird (z. B. *sie rennt*). Nur wenn man die Grundform beziehungsweise den Infinitiv bildet und das Wort dann in Silben trennt, kann man die richtige Schreibung beweisen (*sie rennt → ren-nen*). Der Pfeil bedeutet immer *„kommt von ...“*. Dies sollten die Schüler auch so mitsprechen, denn der Pfeil dient der **Beweisführung**. Außerdem sollten Verben, die auf *-t* enden, auch abgeleitet werden, wenn das Verb letztlich **ohne Doppelkonsonanten** geschrieben wird, damit die Schüler sich angewöhnen, immer zu überprüfen (*z. B. kauft → kau-fen*). Deshalb ist es gut, wenn die Schüler zunächst auch immer laut mitsprechen. Später, wenn die Ableitungsregeln automatisiert sind, reicht es, wenn die Beweisführung nur noch im Kopf stattfindet.

Dem **Verlängerungstrick** bei **Wörtern mit doppeltem Konsonanten** liegt zugrunde, dass wir am Ende eines Wortes nicht hören können, ob ein Wort mit einfachem oder doppeltem Konsonanten geschrieben wird. Deshalb muss das Wort verlängert werden. Bei Verben im **Imperativ** (z. B. *Iss auf!, Renn nicht so schnell!*) wird der Infinitiv gebildet, bei **Nomen** hilft die Bildung der Mehrzahl (*das Riff → die Rif-fe)* und bei **Adjektiven** kommt man mit dem Komparativ (*schnell → schnel-ler)* weiter. Manchmal (insbesondere bei Nomen) kann es für das Ableiten auch hilfreich sein, ein verwandtes Wort oder dieselbe Wortfamilie zu suchen.

Wenn es sich um **zusammengesetzte Wörter mit doppeltem Konsonanten** handelt, kommt der **Knacktrick** zum Einsatz. Auch hier kann man nicht hören, ob in der Mitte des Wortes ein Doppelkonsonant steht oder nicht. Deshalb muss das Wort „geknackt“– also in zwei Teile zerlegt – werden. Danach wird der relevante Teil, d. h., der Teil, den man nicht in Silben sprechen und eindeutig hörbar machen kann, abgeleitet (z. B. *Spinnweben → Spinn//weben → spin-nen*).

Grundsätzlich gilt als Merkhilfe im Ableitungsbereich: In einer Wortfamilie bleiben die abgeleiteten Buchstaben die gleichen. D. h., wenn ich weiß, dass *„Was i**ss**t du gerade?“* von **es-sen** kommt, dann werden Worte wie ***Ess****papier* oder ***Ess****besteck* auch mit ss geschrieben. Auf die Auslaute (Stufe 7) übertragen bedeutet das: *„Er rau**b**t etwas“ → rau-**b**en. Rauben* wird also mit *b* geschrieben, deshalb schreibt man *Rau**b***überfall, *Rau**b**tier,„Ihr rau**b**t mir den letzten Nerv!“ oder Bankrau**b*** auch mit *b*.

Mithilfe der folgenden Tabelle lässt sich die Übertragbarkeit der Strategien auf die Rechtschreibstufen 7 bis 12 mit konkretem Wortmaterial aus dem Ableitungsbereich zeigen:

	***t*-Signal**	**Verlängerung**	**Knacktrick**
Stufe 7: Doppel-konsonanten	Sie schaff**t** → schaf**-f**en Er hack**t** → ha**c-k**en Du hetz**t** → het**-zen**	der Kamm → Kä**m-me** Lass es! → la**s-s**en hell → he**l-l**er	Rennauto Renn//Auto → re**n-n**en
Stufe 8: Auslaute (*b–p / g–k / d–t*)	Es feg**t** → fe-**g**en Du lobs**t** → lo-**b**en	der Flug → Flü-**ge** das Hemd → Hem-**d**en der Korb → Kör-**be** Sing! → sin-**g**en Überwind dich! → ü-ber-win-**d**en Gib es mir! → ge-**b**en arg → är-**g**er rund → run-**d**er gelb → gel-**b**er	tagsüber tags//über → Ta-**ge** Freundschaft Freund//schaft → Freun-**de** Korbsessel Korb//Sessel → Kör-**be**
Stufe 9: s-Laute (*s – ss – ß*)	Er verreis**t** → ver-rei-**s**en Sie zerreiß**t** → zer-rei-***ß***en Du vermiss**t** → ver-mi**s-s**en	Kreis → Krei-**s**e heiß → hei-***ß***er Pass auf! → auf-pa**s-s**en	Halskette Hals//Kette → Häl-**s**e Großmutter Groß//Mutter → Grö-ße Bassgitarre Bass//Gitarre → Bä**s-s**e
Stufe 10: Wörter mit *ie – i*	Du spielst → sp**ie**-len Ihr verliert → ver-l**ie**-ren	Dieb → D**ie**-be fiel → f**ie**-len schief → sch**ie**-fer	Zielscheibe Ziel//Scheibe → Z**ie**-le
Stufe 11: Wörter mit *h*	Er dreh**t** → dre-**h**en Sie geh**t** → ge-**h**en	Kuh → Kü-**h**e sah → sa-**h**en früh → frü-**h**er	Flohzirkus Floh//Zirkus → Flö-**h**e
Stufe 12: Wörter mit *ä/äu*	Du gräbs**t** → gr**a**-ben Er läuf**t** → l**au**-fen	*Achtung Verkürzung!*[9] Bälle → B**a**ll Mäuschen → M**au**s	täglich täg//lich → T**a**-ge

9 Genauere Informationen finden sich auf dem entsprechenden Regelblatt im Materialband (Bestellnr. 23603).

Die Arbeitsblätter zu den Stufen 7 bis 12 finden sich in dem Materialband „LRS in der Sekundarstufe: Rechtschreibtraining. Übungsmaterial für den lautgetreuen und den Ableitungsbereich" (Bestellnr. 23603).

3.3 DIE GROẞSCHREIBUNG

Die Großschreibung lässt sich als Thema nicht einer bestimmten Stelle im Rechtschreibaufbau einordnen. Sie wird immer wieder situativ aufgegriffen, wenn sich in diesem Bereich die Fehler häufen. Daher ist sie in der Rechtschreibtreppe (S. 8) als Geländer dargestellt, welches an jede Stufe angebunden sein könnte.

Der Bereich der Großschreibung ist in zehn Regeln aufgeteilt, die von leichten Grundsätzen (*„alles, was ich anfassen und sehen kann"*) bis hin zur Abstraktion (*„abstrakte Nomen"*) reichen.

Man muss das Thema mit den Schülern auch nicht an einem Stück bearbeiten, sondern kann z. B. eine Großschreibmappe anlegen, die man dann, je nach Bedarf, zur Hand nimmt und gemeinsam weiterführt.

Wichtig ist aber auch hier, dass zunächst die Regeln eingeführt werden und dann die entsprechenden Arbeitsblätter und Übungen zur Anwendung kommen.

Die zehn Regeln zur Großschreibung beinhalten:

1) alles, was man anfassen kann
2) Lebewesen (oder Teile davon)
3) Nomen haben Begleiter
4) alles, was man hören oder riechen kann
5) bestimmte und unbestimmte Begleiter
6) versteckte Begleiter
7) Nomen müssen bewiesen werden
8) abstrakte Nomen
9) Nomen der Zeit
10) Endungen von Nomen

Die Arbeitsmaterialien zu diesem Thema finden Sie im Materialband zur Großschreibung: „LRS in der Sekundarstufe: Rechtschreibung – Übungsmaterial für den Speicherbereich und zur Großschreibung" (Bestellnr. 23684).

3.4 DER SPEICHERBEREICH

Der Speicherbereich umfasst die Stufen 13 bis 20 und beinhaltet alle Wörter, die auswendig gelernt werden müssen, weil es nicht möglich ist, die jeweilige Schreibweise herzuleiten. Wichtig ist, dass in diesen Bereich **ausschließlich** Lernwörter hineinsortiert werden. So besteht nicht die Gefahr, dass das visuelle Gedächtnis unnötig mit Worten gefüllt wird, die eigentlich nicht hierhingehören, weil sie abgeleitet werden können. Es empfiehlt sich, den Speicherbereich als eine Lernwortkartei oder eine Lernwörtermappe anzulegen, die immer weitergeführt werden kann, wenn die Situation es erfordert oder wenn eine neue Familie „entdeckt" wird. Auch das Aufschreiben von Wortfamilien kann beim Auswendiglernen helfen, denn oft gilt: *„Wenn man bei einem Familienmitglied (z. B.) den h-Trick oder den v-Trick anwenden kann, gilt das auch für die ganze Verwandtschaft."*

Für die Gliederung des Speicherbereiches schlage ich folgendes Gerüst vor:

Auf **Stufe 13** geht es um die **Anfangs- und Endmorpheme**. Es handelt sich hierbei um Vor- oder Nachsilben, also Wortbausteine, welche immer gleich geschrieben werden. Allerdings verändern Vorsilben die Bedeutung von Wörtern. Dies wird an folgendem Beispiel deutlich:

***ab**laufen, **an**laufen, **auf**laufen, **aus**laufen, **durch**laufen, **ein**laufen, **ent**laufen, **fort**laufen, **ge**laufen, **gegen**laufen, **her**laufen, **hin**laufen, **mit**laufen, **nach**laufen, **um**laufen, **unter**laufen, **über**laufen, **ver**laufen, **vor**laufen, **weg**laufen*

Schließlich werden an dieser Stelle zusätzlich die **Nachsilben von Adjektiven** (*-ig, -lich, -isch, -bar, -haft, -los, -sam*) sowie erneut (vorausgesetzt das Thema Großschreibung wurde zuvor bearbeitet) die **Endungen von Nomen** (*-ung, -heit, -keit, -nis(se), -schaft, -tum, -ing*) behandelt.

Hier bietet sich zum Lernen eine alphabetische Sortierung der Vorsilben an:

A *ab-, an-, auf-, aus-*
B *be-, bei-*
D *da-, dar-, durch-*
E *ein-, er-, ent-, emp-*
F *fort-*
G *ge-, gegen-*
H *her-, hin-, hinter-*
M *mit-, miss-*
N *nach-, neben-*
U *um-, un-, unter-, über-, ur-*
V *ver-, vor-, vorder-*
W *wieder-, wider-, weg-*
Z *zer-, zu-, zwischen-*

Die darauffolgende **Stufe 14** fokussiert auf die **Längenzeichen.** Darunter sind beispielsweise die *h*-Wörter zu verstehen, deren *h* nicht hörbar ist oder abgeleitet werden kann. Hier gilt: *„Wenn ein Familienmitglied den h-Tick hat, dann hat ihn die ganze Verwandtschaft!"* (z. B. *Wohnung – wohnen – gewohnt – gewöhnlich –Gewohnheit – verwohnt – verwöhnt*). Hierbei kann die Aufteilung in *ah-, äh-, eh-, oh-, uh-* und *üh*-Wörter hilfreich sein. Ebenso wird auf dieser Stufe die Dehnung mit doppelten Vokalen (*S**aa**l, S**ee**, B**oo**t*) besprochen. Auch die Pronomen *i**h**m, i**h**n* und *i**h**r* gehören auf diese Stufe.

Auf **Stufe 15** geht es um die ***V/v*-Wörter**. Für das Lernen ist es hilfreich, sie in drei Gruppen aufzuteilen:

1) Wörter, bei denen das *V/v* wie *„w"* gesprochen wird (z. B. *Re**v**ier, Kla**v**ier, Kur**v**e, Oli**v**e*)
2) Wörter, bei denen das *V/v* wie *„f"* gesprochen wird (z. B. ***V**ater, **V**eilchen, **V**ogel, **V**olk*)
3) die drei Vorsilben ***v**or-, **v**er-, **v**order-*

Die **Stufe 16** beinhaltet die ***i: = i*-Wörter**. Sie haben einen *i*–Laut, der zwar am Ende einer Silbe im Wort steht, jedoch **nicht** als *ie* verschriftet wird, wie auf den Stufen 5 beziehungsweise 10 gelernt wurde. Diese Wörter gehören zu den Ausnahmen (25 Prozent) und müssen abgespeichert werden. Hierzu lassen sich folgende Beispiele nennen:

- alle Wörter mit einfachem *i*, obwohl sie am Ende einer Silbe stehen (z. B. *Tiger, Prise, Zitrone, Klinik*)
- alle Wörter mit der Endung *-ig* (z. B. *ruhig, artig, wenig*)
- alle Wörter mit *-ik* am Wortende (z. B. *Musik, Fabrik, Technik*)
- alle Wörter mit der Endung *-ine* (z. B. *Maschine, Rosine, Kabine*)
- *wieder – wider* [gleiche Aussprache – unterschiedliche Bedeutung!]
- *Lied – Lid* [gleiche Aussprache – unterschiedliche Bedeutung!]
- Wörter mit *ie*, die nicht herzuleiten sind (z. B. *hier, sieht, hielt, ziemlich, liest*)

Stufe 17 behandelt die **Großschreibung substantivierter Verben** und **Adjektive**. Wenn Adjektive oder Verben als Nomen gebraucht werden, müssen sie großgeschrieben werden (z. B. *„Mir schmeckt das **E**ssen lecker.", „In der Klasse fällt mir das laute **V**orlesen sehr schwer.", „Im Baumarkt kann man viel **P**raktisches finden.", „Ich habe heute etwas **L**ustiges erlebt.", „Dabei habe ich mir nichts **B**öses gedacht."*). Es gibt **Signalwörter,** an denen man erkennen kann, dass ein Verb oder Adjektiv als Nomen gebraucht wird (z. B. *manches, wenig, allerlei, nichts, viel, einiges, etwas* sowie die Artikel und unbestimmte Zahlwörter).

Stufe 18 behandelt die verschiedenen **x-Laute**. Es gibt Wörter, in denen man den *x*–Laut hört, die aber stattdessen mit *-chs, -cks, -gs* und *-ks* oder geschrieben werden (z. B. *Lachs, Knacks, unterwegs, Keks*). Diese Wörter gilt es zu unterscheiden von denjenigen, die man tatsächlich nur mit einfachem „*x*" schreibt (z. B. *Taxi, Axt, Hexe*).

Auf **Stufe 19** geht es um die **Fremdwörterbesonderheiten**. Hier bietet sich folgende Aufteilung an:

- Wörter mit *Ph-/ph-*
- Wörter mit *Th-/th-*
- Wörter mit *Rh-/rh-*

Als Signal für Fremdwörter gelten auch folgende Bestandteile: *uto-, dia-, dis-, ex-, mono-, re-, tele-*. Auch englische Fremdwörter (zum Teil bereits unbewusster Bestandteil unserer Umgangssprache, z. B. *cool, City, Handy*) gehören in diese Gruppe.

Mit **Stufe 20**, auf der **Grammatik** und **Zeichensetzung** behandelt werden, ist die letzte Stufe des Speicherbereichs erreicht. Mögliche Themen können hier sein:

- Wortlehre (Wortarten)
- Satzlehre (Satzglieder, Satzarten)
- die Zeiten von Verben
- regelmäßige und unregelmäßige Verben (auch Hilfsverben)
- Steigerung von Adjektiven
- wörtliche Rede
- Punkt, Komma, Ausrufezeichen, Fragezeichen
- die vier Fälle (Kasus)
- *das, dass*
- *dem, den, denn, dann*

Die vorliegende Einteilung ist als ein Gliederungsvorschlag zu verstehen. Selbstverständlich erhebt sie keinen Anspruch auf Vollständigkeit und kann somit ergänzt oder auch in der Reihenfolge der Stufen 13 bis 20 – je nach Bedarf – verändert werden.

4 LESEFÖRDERUNG

Das Lesen stellt eine fächerübergreifende Kompetenz dar, deren Entwicklung entscheidend den schulischen Erfolg oder eben auch Misserfolg mit beeinflusst. Selbst in den naturwissenschaftlichen Fächern oder auch im Fach Mathematik ist man ohne die Beherrschung des sinnerfassenden Lesens vollkommen hilflos. Schüler mit ausgeprägten Schwierigkeiten beim Lesen sind weder in der Lage, Arbeitsanweisungen (z. B. in Klassenarbeiten) zu verstehen, noch können sie beispielsweise Textaufgaben im Mathematikunterricht dekodieren und in eine Rechenoperation umwandeln.

4.1 AUFBAU VON LESEKOMPETENZ

Das Lesen stellt eine komplexe kognitive Leistung dar, die sich in verschiedene Teilprozesse aufgliedert. Für eine effiziente Bewältigung des zu lesenden Textes ist es wichtig, verschiedene Teilprozesse hierarchisch zu organisieren. Wörter müssen korrekt „übersetzt", im Satzbau richtig miteinander verbunden und von ihrer Bedeutung her sinngemäß interpretiert werden.

Leseschwächen können isoliert auftreten oder sie können in Kombination mit Defiziten des Schriftspracherwerbs vorkommen. In einer **Wiener Längsschnittstudie** über die Entwicklung, den Verlauf und die Ursachen von Lese- und Schreibschwierigkeiten in der Pflichtschulzeit[10] hat man einen deutlichen Zusammenhang zwischen der Lesegeschwindigkeit in der 2. und der 8. Klasse festgestellt. Das bedeutet, dass 65 % der schwächsten Leser in der 2. Klasse auch noch in der 8. Klasse schwache Leser sind. Ebenso bleiben 61 % der guten Leser in der 2. Klasse auch in 8. Klasse gut. Ähnliche Befunde wurden auch im Rechtschreiben festgestellt. Man kann daher eine Stabilität der Leistungsunterschiede von der Grundschule bis in die Sekundarstufe konstatieren.[11] Wenn Schüler also nicht lesen, führt dies demnach langfristig gesehen zu multiplen Nachteilen in Bezug auf ihre Lesekompetenz. Bessere Leser lesen unter anderem deshalb mehr, weil sie stärker lesemotiviert sind. Über die Menge des Lesens werden indirekt auch der Wortschatz und das Textverständnis erweitert beziehungsweise das Lesen wird zur schönen Gewohnheit. Diese Vorteile sind bei nicht lesemotivierten Schülern nicht gegeben, vielmehr verbleiben sie – im Vergleich zu den viel lesenden Altersgenossen – auf einem niedrigen Niveau der Lesekompetenz. Die Schere zwischen guten, motivierten und viel lesenden Personen und jenen, die eher leseschwach, wenig motiviert und seltene Leser sind, öffnet sich im Laufe der Zeit immer weiter: Gute Leser werden also immer besser, schwache hingegen bleiben zurück. Der Menge des Lesens und der Lesemotivation kommen hierbei entscheidende Rollen zu.

Allgemeines zur Lesesynthese

Heute werden Buchstaben nicht mehr isoliert gelernt, sondern in sinnvollen Wörtern oder Sätzen vermittelt. Das hat mehrere Vorteile: Zum einen erleben Schüler die unterschiedlichen Klangfarben von Lauten in Wörtern (z. B. *Bü**ch**er/Scha**ch**tel*). Außerdem wird das Lesen als eine sinntragende Tätigkeit verstanden. Hinzu kommt, dass die Symbolfunktion von Schrift mit jedem neuen Wort wieder klar und

10 Vgl. Klicpera, Christian/Gasteiger-Klicpera, Barbara: Lesen und Schreiben-Entwicklung und Schwierigkeiten: Die Wiener Längsschnittuntersuchungen über die Entwicklung, den Verlauf und die Ursachen von Lese- und Schreibschwierigkeiten in der Pflichtschulzeit. Huber Verlag 1993.

11 Vgl. Klieme, Eckhard/Steinert, Brigitte: Schulentwicklung im Längsschnitt. Ein Forschungsprogramm und erste explorative Analysen. In: Prenzel, Manfred/Baumert, Jürgen (Hrsg.): Vertiefende Analysen zu PISA 2006. Zeitschrift für Erziehungswissenschaft, Sonderheft 10, Springer 2008, S. 221–238.

begreifbar wird. In jedem Wort und Satz ist eine Botschaft – eine Art Übersetzung – enthalten, die es herauszufinden gilt.

Die Anbahnung des Lesens erfolgt nach der Sicherung der Phonem-Graphem-Korrespondenz. Sie folgt lose dem Stufenaufbau der Rechtschreibtreppe und passt sich an das individuelle Entwicklungstempo des Schülers an.

Es ist darauf zu achten, dass man zu Beginn, gerade bei extrem leseschwachen Schülern und auch, wenn sie schon in der Sekundarstufe I sind, nur einzelne Silben liest. Es folgen kurze Wörter (Ein- und Zweisilber) und im Anschluss daran längere Wörter wie *Sa-la-mi* oder *te-le-fo-nie-ren*. Erst zum Schluss sollten Sätze (*Al-le Schü-ler wol-len im-mer Ha-sel-nüs-se es-sen.)* beziehungsweise kleine Texte hinzukommen.

Das Erlernen der Lesesynthese

Sind alle Buchstaben sicher abrufbar (Phonem-Graphem-Korrespondenz), sollte das Zusammenschleifen der Buchstaben zu Silben und Wörtern geübt werden. Erst ab zehn Buchstaben und mehr beginnt das Verwechseln.

Beim Training der Buchstaben-Laut-Zuordnung im Kontext von Sätzen und kurzen Texten ist darauf zu achten, dass:

- einzelne Wörter in Silben „übersetzt" werden.
- ein Satz zunächst nur ein bis zwei zu synthetisierende Wörter enthalten sollte. Der Rest der Wörter sollte bekannt sein, damit die Sinnstütze vorhanden ist.
- die Sätze zweimal gelesen werden: einmal silbenweise und beim zweiten Mal flüssig, sodass der Satz „wie erzählt" klingt.
- die Texte einfach strukturiert sind.
- die Schüler beim Lesen halblaut mitlesen beziehungsweise vor sich hin murmeln dürfen.

Es bedarf häufigen Übens und der Prozess der Automatisierung muss vollzogen sein, damit Schüler wirklich lesen lernen.

Vom synthetischen zum sinnentnehmenden Lesen

Lesen ohne Sinnentnahme bleibt eine Art Mundmotorik – ohne Spaß und ohne Motivation, etwas Neues zu lernen. Daher sollte immer darauf geachtet werden, dass die Schüler beim Lesen den gesamten Leseprozess durchlaufen (Synthese – Lesen im Normalklang – Sinnentnahme). Dazu ist es hilfreich, einfach strukturierte Texte oder Kinder- und Jugendbücher mit einer überschaubaren Seitenzahl zu verwenden, die mit animierenden Bildern illustriert sind und beispielsweise durch Absätze übersichtlich gestaltet sind. Der Vorteil eines Buches besteht darin, dass die verwendeten Wörter – weil es ja um ein bestimmtes Thema geht – öfter wiederholt werden. Es entsteht dann bald das Gefühl, gut lesen zu können, weil man ein ganzes Buch „geschafft" hat und die Schüler immer mehr bekannte Wörter (Schlüsselwörter) wiedererkennen, die sie mithilfe von Bildern richtig zuordnen können.

Es gibt drei verschiedene **Ebenen des Sinnverständnisses**:

1. die Wortebene
2. die Satzebene
3. die Anbindung an die eigene Realitätserfahrung

Anhand eines Beispielsatzes möchte ich die drei Ebenen verdeutlichen: *„Der Hund unseres Nachbarn hat sechs Beine."* Auf der Wortebene geht es darum, jedes einzelne Wort eines Satzes zu erlesen. Auf der Satzebene werden die einzelnen erlesenen Worte aneinandergereiht. Bei der Anbindung an die eigene Realitätserfahrung geht es darum, ob der Sinn des Satzes verstanden wurde und ob der gelesene Inhalt so der Realität entspricht.

Diese Stufen sind uns Lehrenden oft nicht hinreichend bewusst und sollten allesamt trainiert werden. Wenn Schüler, die diesen Satz lesen, lachen oder sagen: „Das gibt's doch gar nicht!", sind sie auf der dritten Ebene angekommen.

Wenn es beim Erlernen des Lesens in der Grundschule zu Störungen gekommen ist und die Schüler an der weiterführenden Schule nicht auf dem erwarteten Leistungsstand angelangt sind, gibt es Möglichkeiten, das Erlernen der Lesesynthese nachzuholen.

Hilfreiche Maßnahmen zum späteren Erlernen der Lesesynthese

- prüfen, ob die Laut-Buchstabe-Zuordnung verstanden wurde
- Silben selbstständig erlesen lassen
- Manchmal kann es – gerade am Anfang des Leselernprozesses – hilfreich sein, in Kopiervorlagen alle Silbenbögen in die Wörter einzutragen oder Lücken zwischen den einzelnen Silben zu lassen.
- einzelne Wörter in Silben selbstständig „übersetzen" lassen
- Sätze oder kurze Texte möglichst ganz eigenständig erarbeiten lassen und so lange bei jedem Satz bleiben, bis er auf der Satzebene vollständig verstanden worden ist
- Die Texte sollten einfach strukturiert sein und der Umfang gegebenenfalls drastisch reduziert werden, damit es nicht zu einer Überforderung kommt.
- Nachdem der Inhalt vollständig verstanden wurde, sollte der Satz noch zweimal gelesen werden (einmal silbenweise, dann so, dass er fast wie erzählt klingt).
- Wenn Sätze silbenweise vorgetragen werden, hat das den Effekt, dass die Sprache verlangsamt werden muss und die Silben noch einmal genau abgehört werden.
- Beim „Lesen wie erzählt" konzentriert sich der Schüler auf den Normalklang und speichert dadurch gleichzeitig das jeweilige Schriftbild.
- Beim nachträglichen Erlernen der Lesesynthese ist es am effektivsten, wenn eine einfache, fortlaufende Geschichte gewählt wird, damit die Kinder in ihrem individuellen Tempo daran arbeiten können. Außerdem wiederholen sich in Geschichten immer einige Wörter, wodurch Schüler diese schnell wiedererkennen, was sie zusätzlich motiviert, weil es ihnen das Lesen erleichtert.

Grundsätzlich ist beim Lesen alles erlaubt, was Schülern Spaß macht, was sie interessiert, kurz: was sie motiviert, sich mit dem Dekodieren von Buchstaben auseinanderzusetzen. Deshalb sollte man die Schüler nach ihren Interessen fragen und Themen auswählen, die ihnen wichtig sind und die mit ihnen zu tun haben. Es ist nahezu egal, was Schüler lesen (z. B. Comics, Sportzeitschriften, Tagebücher) – Hauptsache ist, dass sie lesen!

Hilfreich ist es auch, immer gemeinsam zu lesen. Methodisch gesehen ist es gut, wenn jeder Schüler immer nur einen Satz, also bis zum nächsten Punkt, liest. Dadurch ist die individuelle Anforderung überschaubar und außerdem hat dieses Vorgehen den Vorteil, dass alle aufpassen müssen, damit die Gruppe nicht ständig „hängen" bleibt. Natürlich darf – falls jemand seinen Einsatz verpasst – auch mit einem Stichwort geholfen werden.

Wenn noch keine ganzen Texte oder Bücher gelesen werden können, kann man das Lesen auch damit trainieren, dass man Schlangenwörter oder -sätze erlesen lässt und dass bewusst Unsinnwörter, wie z. B. bekuwi – getuni – tisafe – keutali gelesen werden. Diese Technik ist auch hilfreich für den Rechtschreiberfolg.

Ein beliebtes Spiel zur Förderung des richtigen Lesens ist das **Fehlerlesen**. Hierbei darf jeder so lange lesen, bis er einen Fehler gemacht hat. Ebenso kann man **Leseexperimente** im Unterricht einsetzen, bei denen die Schüler einen kleinen Versuch selbst durchführen können, wenn sie sich entlang der einzelnen Punkte Stück für Stück voranlesen.

Hier ein Beispiel:

1. Hole dir ein hohes Glas.
2. Fülle das Glas mit Wasser – aber lasse oben einen breiten Rand frei.
3. Suche im Zimmer ein rohes Ei.
4. Hole dir einen kleinen Löffel.
5. Suche im Zimmer ein Glas mit Salz.
6. Lasse das Ei langsam in das Wasserglas gleiten.
7. Wo liegt das Ei?
8. Gib nach und nach mehrere Löffel Salz in das Wasser.
9. Was passiert mit dem Ei?

Erklärung: Ein Ei ist schwerer als Leitungswasser, deshalb sinkt es zu Boden. Es ist aber leichter als Salzwasser, deshalb steigt es, wenn sich viel Salz im Wasser gelöst hat, wieder an die Oberfläche.

Auch kann man Texte mit veränderten Schriften oder veränderter Textgestaltung (in Bögen, Schlangenlinien, Kreisen ...), seltsame Geräusche (Comicsprache, z. B. *grumpf, kawumm, boing*) oder zwei fast identische Texte vergleichen lassen. Außerdem sollten Sprachspiele aller Art eingesetzt werden, wie z. B. **Zungenbrecher**, **Pyramidenwörter** oder **Satzpyramiden**.

Bild
Bildschirm
Bildschirmscho
Bildschirmschoner

Frau
Frau Kupke
Frau Kupke bricht
Frau Kupke bricht in der Halle
Frau Kupke bricht in der Halle ein
Frau Kupke bricht in der Halle ein Stück Schokolade ab

4.2 MÖGLICHKEITEN DER ANGSTREDUKTION BEIM LESEN[12]

- Lautes Vorlesen **nie** gegen den Willen des Schülers anordnen!
- Die Schrift des Textes auf 14 pt (oder noch stärker) vergrößern.
- Die Wörter von Sätzen oder Texten in unterschiedlich farbigen Silben anbieten oder die Schüler, bevor sie lesen, die Silbenbögen oder Trennstriche eintragen lassen.
- Im Silbenrhythmus lesen lassen – ohne jede Betonung, aber mit klaren Pausen.
- Kleinere Texte im Silbenrhythmus springend oder tretend lesen lassen.
- Texte in Spaltendruck anbieten, denn eine kürzere Zeilenlänge vermindert fehlerhafte Abtastbewegungen der Augen.
- Zeilen mit jeweils einem Sinnschritt anbieten.
- Insgesamt das Lesetempo reduzieren und die Schüler wissen lassen, dass es besser ist, langsam und genau statt schnell und falsch zu lesen.
- Texte auch mal rückwärts lesen lassen. Damit ist gemeint: Nicht die Buchstaben rückwärts lesen, sondern mit dem letzten Wort des Satzes zu beginnen – oder auch „über Kopf" lesen.
- Im Liegen oder Gehen und gegebenenfalls auf einem Gymnastikball lesen lassen.
- Texte mehrmals lesen lassen und die Lautstärke variieren.
- Auf Atempausen achten: kleine Pausen bei Kommata, große bei Punkten.
- Eventuell alle Kommata mit einem gelben und alle Punkte mit einem roten Textmarker färben lassen, ehe der Text gelesen wird.
- In Zeitlupe – extrem verzögert – lesen lassen. (Schnell ist nicht gleich gut!)
- Als letzten Schritt den Normalklang trainieren.
- Leseskala einführen: „Wie sicher fühle ich mich beim Lesen?" Den Stand über mehrere Wochen eintragen und immer wieder besprechen.
- Beim Einüben von verschiedenen Lesestrategien ist darauf zu achten, dass die Schüler grundsätzlich zunächst die Überschrift hinterfragen, um dadurch ihr Vorwissen zu aktivieren. Außerdem sollte immer auch eine Zusammenfassung erstellt werden und es ist des Weiteren hilfreich, Fragen an den Text zu stellen und diese dann auch zu beantworten (evtl. in einer Kleingruppe von Schülern). Dies führt dann zu einer Art „Selbstüberwachung" und ermöglicht eine gründlichere Form der Texterfassung mit der Möglichkeit zur Automatisierung.

12 Literatur zur Leseförderung finden Sie unter den Literaturempfehlungen (S. 56).

4.3 TANDEM-LESEN (TL)

Unter Tandem-Lesen versteht man ein Lautleseverfahren, welches den Lesefluss fördert. Hintergrund ist, dass, wenn man Texte flüssig lesen kann, es auch eher gelingt zu verstehen, was man gelesen hat (Sinnentnahme). Umgekehrt gilt auch: Wenn ich in einem Text weiß, worum es geht, kann ich ihn auch flüssiger lesen.

Folgende Komponenten sind zum flüssigen Lesen erforderlich: Tempo, Genauigkeit, die automatische Übersetzung von Buchstaben in Laute, die Trennung von Wörtern in Silben und die Teilung von Sätzen in Sinnabschnitte sowie eine gute Betonung.

Bei dieser Übung bilden ein „Trainer“ (starker Leser) und ein „Sportler“ (schwacher Leser) ein Tandem. Geeignete Tandem-Paare können beispielweise ein Förderlehrer und ein Regelschüler oder ein Schüler und ein Familienmitglied sein.

Ablauf:

- Beide Partner lesen aus einem gemeinsamen Text.
- Bei „1 – 2 – 3!“ lesen beide halblaut im Chor. Nur der Trainer führt dabei den Finger mit.
- Begeht der Sportler einen Fehler und korrigiert sich nicht selbst, verbessert ihn der Trainer und es wird erneut am Satzanfang begonnen.
- Hat der Trainer den Eindruck, dass der Sportler ein Wort nicht versteht, erklärt er es.
- Fühlt sich der Sportler sicher, gibt er ein vorher verabredetes Zeichen und liest alleine weiter – der Trainer führt den Finger jedoch mit.

Insgesamt wird der Text innerhalb der 15 Minuten viermal gelesen. Danach wird der Inhalt besprochen und das Lesen reflektiert.

Das Tandem-Lesen sollte dreimal wöchentlich für die Dauer von jeweils 15 Minuten durchgeführt werden.

Lob ist – wie auch sonst bei jeglicher Förderung – sehr wichtig![13]

13 Vgl. Rosebrock, Cornelia/Nix, Daniel: Grundlagen der Lesedidaktik und der systematischen schulischen Leseförderung. Schneider Verlag 2010.

5 WAHRNEHMUNGSTRAINING

Oftmals sind Defizite in der Wahrnehmung und/oder Schwächen in der Ausdauer und Konzentrationsfähigkeit Begleiterscheinungen, wenn Schüler besondere Schwierigkeiten im Lesen oder Schreiben haben. Häufig ist die Frage nach der Ursache nicht eindeutig zu klären: Ist der Schüler unkonzentriert und schreibt beziehungsweise liest er deshalb nicht richtig? Oder strengt ihn das Schreiben und/oder Lesen übermäßig an und er ist deshalb nicht in der Lage, sich über einen längeren Zeitraum zu konzentrieren?

In jedem Fall sollten daher Übungen zur Verbesserung der Wahrnehmung Bestandteil einer gezielten Förderung sein. Mithilfe solcher Übungen werden verschiedene Wahrnehmungsgebiete, z. B. der visuelle oder auditive Bereich, die Raumorientierung, der taktil-kinästhetische Bereich, die Serialität oder auch die Intermodalität trainiert. Je nach Schüler und nach Ausgangslage sollte nach Möglichkeit situativ gefördert werden.

5.1 BASALES TRAINING VON WAHRNEHMUNG UND SPRACHE IN DER SCHULISCHEN FÖRDERUNG

Im Folgenden sollen zu den einzelnen Wahrnehmungsbereichen konkrete Übungen vorgestellt werden, die in Fördergruppen oder auch im Klassenverband durchgeführt werden können.

Für einige der Übungen reichen fünf bis zehn Minuten am Ende einer Stunde, eine kleine Einheit im Sportunterricht oder eventuell auch eine kurze Unterrichtsphase zwischendurch.

Visueller Bereich: Konzentriertes Hinschauen, Beobachten sowie Beschreiben

- Die Schüler sollen den Klassenraum genau betrachten und sich die Dinge merken, die sie sehen. Anschließend schließen sie ihre Augen. Das Erfasste muss jetzt aus dem Gedächtnis wiedergegeben werden. Es können dazu Fragen nach Details gestellt werden, z. B.: *Welche Pflanzen haben wir in unserem Zimmer? Wie viele Fenster hat unser Raum? Welche Farbe haben die Vorhänge? Was ist auf dem Plakat zu sehen, welches am Schrank hängt?*

- Auch analoge Übungen mit Blick aus dem Fenster, eine Reflexion des Schulweges oder die Beschreibung eines mitgebrachten Gegenstandes oder Bildes sind möglich.

- Ein Schüler wird aus dem Raum geschickt und ein anderer Schüler oder die Lehrkraft verändert ein Detail oder versteckt einen Gegenstand. Der hereingerufene Schüler muss nun sagen, was sich verändert hat.

- Ein Schüler darf sich einen Gegenstand im Klassenzimmer aussuchen und soll ihn möglichst genau beschreiben. Die anderen müssen raten. Hier ist es sinnvoll, wenn die ratenden Schüler die Augen geschlossen halten, damit der Beschreibende sich den Gegenstand genau ansehen kann.

- Auch das Spiel „Ich sehe was, was du nicht siehst" eignet sich zur Wahrnehmungsschulung. Dabei sollte man darauf achten, dass mindestens drei Angaben gemacht werden, ehe die Mitschüler raten dürfen. Sie sollen also erst einmal zuhören (z. B. *Welche Form?*, *Welche Farbe?*, *Wozu nötig?*), dann überlegen und erst danach Vermutungen äußern.

- Zwei Schüler verlassen den Raum. Der Rest der Klasse muss nun versuchen, sie so detailliert wie möglich zu beschreiben. Das Augenmerk sollte auf der Kleidung, der Haarfarbe, den Schuhen sowie weiteren Merkmalen wie beispielsweise der Brille liegen. Die Lehrkraft schreibt die Beschreibungen stichpunktartig mit, damit die Aussagen hinterher überprüft werden können. Danach kommen die beiden wieder herein und es wird verglichen.

- „Lügenbilder" sollen genau betrachtet und kritisiert werden. Beispielsweise hat ein Käsestück lauter runde, aber auch ein eckiges Loch. Oder an einem Koffer fehlt der Tragegriff.

- Bilder, die aus gestrichelten Zeichnungen bestehen, müssen vervollständigt werden.

- Zwei – auf den ersten Blick gleiche – Bilder sollen miteinander verglichen werden, wobei Unterschiede herausgestellt werden. Kinder können auch von zu Hause (z. B. aus Zeitschriften) Fehlerbilder sammeln und mitbringen. Diese werden dann in der Klasse auf Pappe aufgeklebt und in einer Kiste gesammelt und später können sie für die Stillarbeit verwendet werden. Anschließend beschreiben die Kinder die Unterschiede auf einem extra Blatt als schriftliche Ausdrucksübung.

- Ein Gegenstand wird an die Tafel gezeichnet. Dann schließen alle die Augen und es wird etwas weggewischt oder hinzugefügt (Achtung Wischspuren!). Nun müssen die Schüler sagen, was verändert worden ist.

Visueller Bereich: Genaues Kopieren von einfachen Zeichnungen, Formen und Mustern

- Formen oder Muster sollen nachgelegt (z. B. mit Knöpfen, Linsen oder kleinen Steinen) beziehungsweise gezeichnet werden. Eventuell kann man auch geometrische Formengebilde oder Gegenstände vorgeben und die Schüler diese mit den verschiedenen Materialien aus dem Gedächtnis nachlegen lassen. Auch „Lebensmittelbilder" können mithilfe von Tonkarton (Postkartengröße oder DIN A4), Klebestift, Linsen, Nelken, Hirse, Nudeln, Reis, Haferflocken oder Kümmel entstehen. Die Schüler können die Muster nachlegen oder selbst kreativ werden und beispielsweise Mandalas legen.

- Tangramfiguren können aus Tonkarton in verschiedenen Farben hergestellt werden; anschließend kann man sie laminieren.

- Dreidimensionale Gebilde sollen nachgebaut werden (z. B. mit Streichhölzern und Zahnstochern).

- Die Schüler können auch Kichererbsengebilde herstellen. Dazu müssen die Kichererbsen vorher über Nacht eingeweicht, abgegossen und vorsichtig zusammengesteckt werden. Dies ist auch eine gute Übung zur Förderung der Feinmotorik: Wenn man zu stark drückt, gehen die Erbsen kaputt oder die Zahnstocher brechen entzwei.

- Einfache Gegenstände aus dem Alltag (z. B. Schirm, Leiter, Kaffeekanne) werden aufgezeichnet, wobei kleine Details weggelassen werden. Die Schüler sollen erkennen, was fehlt (z. B. der Griff des Schirms, die Sprosse der Leiter, die Tülle der Kaffeekanne).

- Von Bildern oder Zeichnungen aus Zeitschriften wird eine Hälfte kopiert und die zweite Hälfte weggelassen. Die Schüler sollen nun auf der Kopie die fehlenden Bestandteile einzeichnen.

Seriales Gliedern

Beim Aufnehmen von Umweltreizen wird die Fähigkeit benötigt, sie zeitlich oder hierarchisch zu gliedern und damit Gesetzmäßigkeiten zu erkennen. Mithilfe der hier empfohlenen Übungen sollen Jugendliche lernen, optische Reize und deren Reihenfolge wahrzunehmen, zu speichern und wiederzugeben.

- Anordnen nach Größe: Ungleich große Gegenstände (z .B. Bücher, Papiere, Kreidestücke, Knöpfe, Steine) sollen in eine Reihenfolge gelegt werden. Dabei sollte darauf geachtet werden, die Schüler – parallel zum Lese-Schreib-Vorgang – immer von links nach rechts arbeiten zu lassen.

  Variante: Die Lernenden schneiden aus Zeitschriften verschiedene Dinge aus und lassen sie dann von ihrem Sitznachbarn nach ihrer natürlichen Größe anordnen.

- Sortieren nach Länge: Stifte, Äste oder rohe Spaghetti sollen der Größe nach sortiert werden. Diese Übung kann auch mit einem Partner durchgeführt werden: Jeder bricht für den anderen die Äste oder Nudeln in unterschiedlich große Stücke. Als Variante dieser Übung sortieren sich die Schüler selbst (nach Körpergröße oder Schuhgröße). Die Lernenden können sich auch in geometrischen Figuren anordnen (z. B. Quader, Säulen, Pyramiden).

- Aufteilen nach Farbtönen: Farbtafeln (z. B. im Baumarkt erhältlich) können nach Abstufung der Farbtöne sortiert werden. Eine andere Möglichkeit besteht darin, dass die Jugendlichen versuchen, sich nach Pulloverfarben oder nach heller und dunkler Kleidung anzuordnen.

- Ordnen nach Zeitablauf: Anhand von Bildern oder Kalenderzetteln sollen Wochentage, Monate, Tages- sowie Jahreszeiten in die richtige Reihenfolge gebracht werden.

- Anordnen nach richtigem Ablauf einer Handlung bzw. eines Vorgangs: Postkarten, Fotos oder Zeichnungen werden in derselben Richtung mehrere Male gerade durchgeschnitten und dann wieder zusammengesetzt. Die Lernenden können auch Karten von zu Hause mitbringen oder acht bis zehn Schaschlikspieße übereinanderlegen und ihre Mitschüler fragen, in welcher Reihenfolge sie gelegt wurden. Die anderen bauen die Gebilde nach.

- Bildergeschichten: Lassen Sie Geschichten (z. B. „Vom kleinen Herrn Jakob“) oder auch Cartoons mündlich beschreiben.

- Reihenbildungen weiterführen: Der Schüler muss eine bildlich dargestellte Reihe genau erfassen und analog weiterführen. Z. B. kann auf fünf kleinen Bildern eine Kerze dargestellt werden, die Stück für Stück immer weiter herunterbrennt; diese Bilder sollen sortiert werden. Während zunächst mit konkreten Gegenständen oder Vorgängen gearbeitet wird, können später auch abstrakte Formen in die richtige Reihenfolge gebracht werden.

- Lückenhafte Reihenbildungen ergänzen: Eine lückenhaft dargestellte Reihe muss genau durchdacht und die fehlenden Teile sollen richtig eingesetzt werden. Stifte unterschiedlicher Größe oder auch Bildkarten werden auf den Tisch gelegt, dann wird eine Stelle leer gelassen und der Schüler soll das Fehlende ergänzen. Auch hier sollte der Schwierigkeitsgrad vom Konkreten zum Abstrakten beziehungsweise vom einfachen zum schwierigen Material langsam gesteigert werden.

Raumorientierung

Die Fähigkeit, sich im Raum sicher zu orientieren, ist eine wichtige Voraussetzung für das schulische Lernen. Unsere Orientierungsfähigkeit entwickelt sich aus dem Körpergefühl, d. h., wir lernen die Begriffe „rechts" und „links" zuerst am eigenen Körper erkennen und unterscheiden. Später lernt man, von der eigenen Körpermitte aus zu differenzieren und daraus die Richtungen rechts und links abzuleiten. Erst anschließend ist man fähig, Gegenstände im Raum zu lokalisieren und deren Lage und Richtung zu relativieren beziehungsweise zu abstrahieren.

Auch die Handdominanz hat für die Raumorientierung nach rechts und links eine wichtige Bedeutung. Die Händigkeit festigt sich oft gerade erst durch den Schreibunterricht. Bei unsicherer Händigkeit ist darauf zu achten, dass die Kinder immer in der Schreib-Lese-Richtung bleiben, wobei aber natürlich die favorisierte Hand benutzt werden darf.

- Die Lehrkraft hat zwei Schilder (evtl. in zwei verschiedenen Farben), auf denen „rechts" und „links" steht. Die Schüler klopfen beidhändig leise auf den Tisch und müssen auf ein Signal die richtige Hand heben (Variation: Fuß heben, auf die Schulter klopfen, auf die Oberschenkel oder auf den Arm klopfen).

- Die Schüler klopfen gleichmäßig leise mit dem Zeigefinger auf den Tisch, bis der Lehrer beispielsweise „Boden" sagt. Bei diesem Stichwort legen alle Jugendlichen die rechte Hand flach auf den Tisch. Sagt der Lehrer „Fass", stellen die Schüler ihre linke Faust auf den Tisch. Lautet die Anweisung „Doppelboden", werden beide Hände rechts neben dem Körper auf den Tisch gelegt. Beim Stichwort „Doppelfass" werden beide Fäuste links neben dem Körper übereinander auf den Tisch gestellt.

- Fünf Gegenstände aus dem Federmäppchen werden auf dem Tisch vor jedem Schüler ausgebreitet. Die Schüler gleiten mit ihren Fingern über die Objekte und müssen auf Anweisung schnellstmöglich das geforderte Ding mit der richtigen Hand hochhalten (z. B. *„Zeig den Anspitzer mit der linken Hand!"*).

- Jeder Schüler hat ein leeres, der Länge nach gefaltetes Blatt vor sich, das mit Tesafilm fixiert ist. In jeder Hand hält er einen Stift. Die Lehrkraft gibt Anweisungen (z. B. *„Zeichnet mit der rechten Hand auf der rechten Seite eine Sonne!"*, *„Zeichnet links mit der linken Hand ein Dreieck!"*, *„Zeichnet gleichzeitig auf beiden Seiten einen Kreis!"*).

- Alle Schüler stellen sich mit dem Gesicht zu einer Wand auf. Der Lehrer gibt nun die verschiedenen Bewegungsrichtungen vor (z. B. *„Drei Schritte geradeaus – zwei Schritte nach links – vier Schritte rückwärts – ein Schritt nach rechts."*).

  Variante: Alle Schüler rennen durch den Raum. Auf ein Signal (z. B. Pfeife, Hupe, Tamburin) hin bleiben sie stehen und erhalten eine Aufgabe (z. B. *„Alle nach rechts an die Wand!"*, *„Alle nach unten, flach auf den Boden!"*, *„Alle hoch auf die Bank!"*, *„Alle auf ihre linke Seite legen!"*). Diese Übung wird noch dadurch erschwert, dass nicht alle Schüler in derselben Richtung stehen. Wenn sie also ihre jeweilige Bewegung stoppen, können sie nicht einfach das nachahmen, was der Nachbar tut.

Raumlage: Differenzierungsübungen

- Einfache Figuren müssen in Bezug auf Richtung und Lage auseinandergehalten und richtig bezeichnet werden. Auf einem DIN-A4-Blatt sind 16 Kästchen eingezeichnet, in jedem Kästchen befindet sich eine Blume. Die Blume ist allerdings in unterschiedlichen Positionen angeordnet (z. B. oben links, oben mittig, unten rechts, unten links). Nun gilt es, unter allen Kästchen die vier Paare zu finden.

- Figuren müssen genau erfasst und von den Schülern kopiert werden.

- Der Lehrer liest ein Bilddiktat vor, die Schüler müssen genau zuhören und gemäß der Beschreibung die Raumlage aller diktierten Gegenstände zeichnen. Die Jugendlichen üben dabei, sich auf einer Fläche zu orientieren und verinnerlichen die Begriffe *„links“*, *„rechts“*, *„oben“* und *„unten“*. Die Lehrkraft gibt beispielsweise vor: *„Zeichnet im ersten Quadrat links oben ein Herz! Zeichnet nun im mittleren Feld unten links ein kleines Dreieck! …“*

Erfassen von räumlichen Beziehungen mit dem eigenen Körper

- Die Schüler sollen die Lage ihres eigenen Körpers in Bezug zu Gegenständen erfahren und formulieren (z. B. *„Ich stehe auf dem Stuhl.“*, *„Ich krieche unter den Tisch.“*, *„Ich gehe um den Mülleimer herum.“*, *„Ich wickele meine Jacke um mich.“*).

- Schüler und Lehrkraft erklären sich gegenseitig den Heimweg und sie können ihn auch pantomimisch im Wechsel „nachgehen“.

- Richtungswege sollen erkannt und sprachlich beschrieben werden (z. B. Schulweg).

- Nach mündlicher Anweisung sollen die Schüler einen Gegenstand suchen: Wo gehört er hin, wo kommt er her? Hierbei sollen Präpositionen und Adverbien verwendet werden. Bei dieser Übung geht ein Schüler vor die Tür, ein anderer versteckt beispielsweise sein Federmäppchen. Nun kommt der Schüler wieder herein und der Lehrer gibt ihm abwechselnd Richtungs- und Schrittanweisungen (z. B.: *„Geh drei Schritte vorwärts. Laufe nach rechts um den Tisch herum. Geh jetzt fünf Schritte vorwärts. Krieche unter der Bank hindurch. Gehe nun zwei Schritte nach links. Bück dich nach unten. Kannst du dein Federmäppchen sehen?“*). Dann kann ein anderer Schüler oder auch einmal die Lehrkraft nach draußen gehen.

  Variante: Verschiedene Gegenstände werden im Klassenraum gesammelt und es wird z. B. gefragt: *„Wo habe ich den Kasten mit der Kreide hergeholt? Wo gehört er hin?“* Der Schüler antwortet möglichst genau und führt anschließend die Handlung noch einmal aus.

- Ein aufgezeichneter Weg (gerade und geschwungen) soll im Raum nachvollzogen werden.

- Ein bestimmter Weg soll aus dem Gedächtnis nachgegangen werden.

- Ein Weg wird mit Taschenlampe auf die Tafel „gemalt“‘ und soll mit denselben Koordinaten nachgezeichnet werden.

- Ein Weg wird in ein Koordinatensystem als Vorlage (z. B. an der Tafel) gezeichnet. Diese Grafik wird den Schülern gezeigt. Auf dem Boden liegen in derselben Anordnung neun bis zwölf Bierdeckel. Nun müssen die Schüler den Weg von der Tafel auf die Bierdeckel übertragen und ablaufen.

- Der Weg wird mit Bögen (und eventuell Überschneidungen) an die Tafel gezeichnet; mit einer Schnur soll der abzuschreitende Weg nachgelegt werden.

- Ein an der Tafel (mit dem Finger) vorgezeichneter Weg soll im Bierdeckel-Koordinatensystem „nachgelaufen" werden. (Variante: Der Weg muss in sehr kurzer Zeit erfasst und behalten werden.)

- Zwei Partner stehen sich gegenüber. Der eine sagt beispielsweise: *„Zeige auf meinen linken Schuh!"* oder *„Tipp an mein rechtes Ohrläppchen!"* Der andere Schüler muss nun die Raum-Lage-Bezeichnung spiegelverkehrt übertragen. Schafft er dies nicht, so können die Partner sich in selber Richtung nebeneinanderstellen. (Variante: Der eine Schüler [oder auch der Lehrer] führt eine Bewegung aus, der Partner soll sie möglichst genau nachahmen [z. B. die rechte Hand auf die linke Schulter legen, die linke Hand an die Nasenspitze führen]).

Auditiver Bereich

Für alle Hörübungen gilt: Die Jugendlichen sollten nicht mit Bildern unterstützt werden, damit eine schwache auditive Merkfähigkeit nicht durch visuelle Hilfen kompensiert werden kann.

- Die Schüler sollen Geräusche mit geschlossenen Augen erkennen und aufschreiben oder benennen.

- Die Schüler stellen selbst ein Geräuschmemory her.

- Rhythmische Diktate – eine Serie von kurzen und langen Tönen – werden mit geschlossenen Augen notiert.

- Die Schüler sollen die Stimmen ihrer Mitschüler erkennen.

- Die Schüler sollen mit geschlossenen Augen hören und mit dem Arm anzeigen, aus welcher Richtung ein vom Lehrer erzeugtes Geräusch, z. B. Schlüsselklappern, kommt (Richtungshören).

- Die Schüler sollen unterschiedliche Wortlängen vorgesprochener Wörter anhand der Anzahl der Silben heraushören.[14]

14 Vgl. Klieme, Eckhard/Steinert, Brigitte: Schulentwicklung im Längsschnitt.

5.2 DAS TRAINING VON TEILLEISTUNGSSCHWÄCHEN (NACH BRIGITTE SINDELAR)

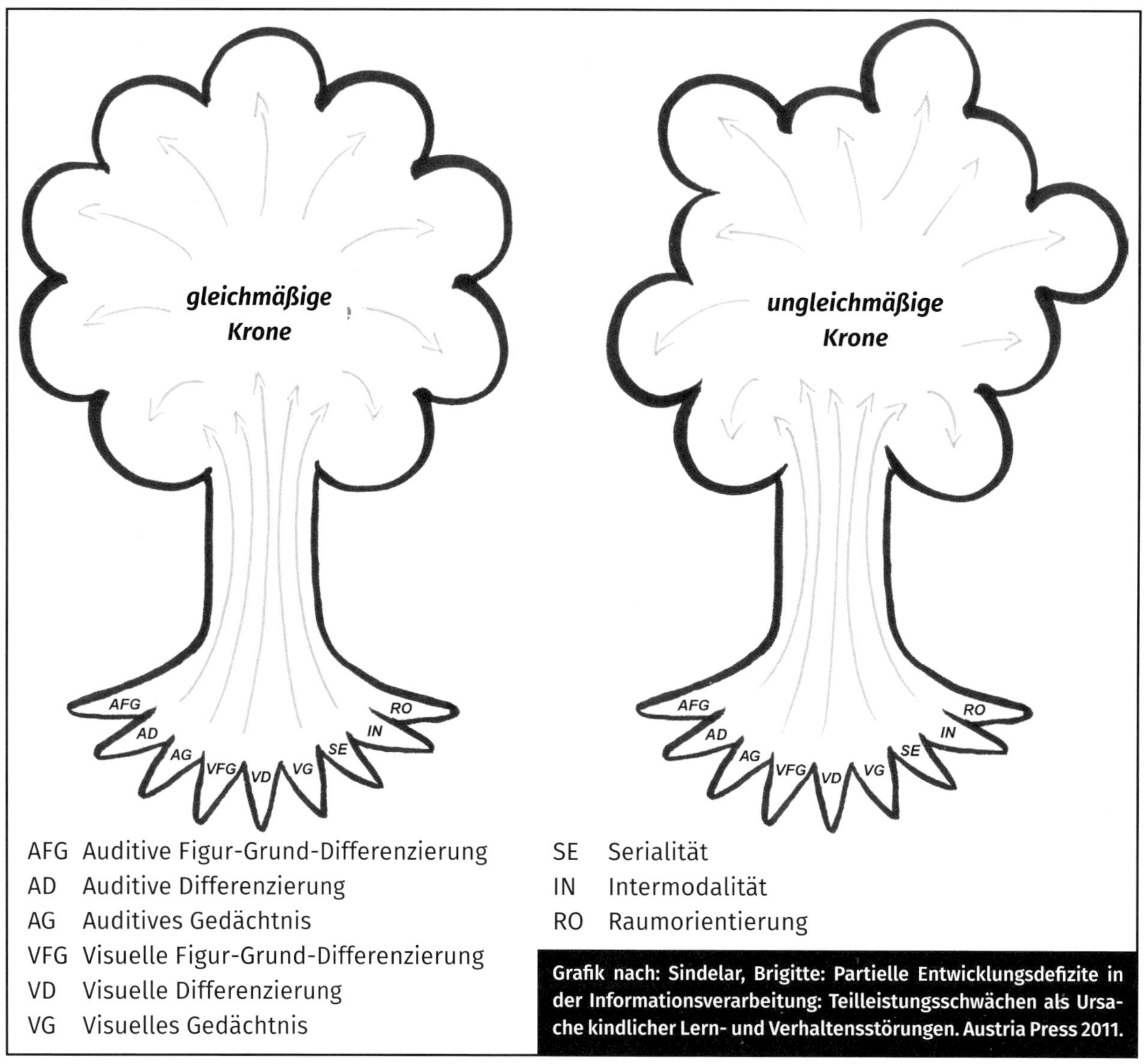

AFG Auditive Figur-Grund-Differenzierung
AD Auditive Differenzierung
AG Auditives Gedächtnis
VFG Visuelle Figur-Grund-Differenzierung
VD Visuelle Differenzierung
VG Visuelles Gedächtnis
SE Serialität
IN Intermodalität
RO Raumorientierung

Grafik nach: Sindelar, Brigitte: Partielle Entwicklungsdefizite in der Informationsverarbeitung: Teilleistungsschwächen als Ursache kindlicher Lern- und Verhaltensstörungen. Austria Press 2011.

Eine weitere mögliche Vorgehensweise, Wahrnehmungsbereiche gezielt zu überprüfen und dann gegebenenfalls zu trainieren, ist das Training von Teilleistungsschwächen nach Brigitte Sindelar. Bei den meisten Menschen sind die verschiedenen Teilleistungen **einheitlich** entwickelt (durchschnittlich, überdurchschnittlich oder unterdurchschnittlich).

Sindelar vergleicht den Schüler mit einem Baum, der Wurzeln, einen Stamm und eine Krone besitzt.[15] Das, was sich beim Zusammentreffen mit dem Jugendlichen beobachten lässt, stellt demnach seinen aktuellen Entwicklungsstand in der Baumkrone dar. Je nach Lebensalter, so Sindelar, ist die Krone unterschiedlich ausgeprägt (bzgl. Sprachverständnis, Ausdrucksfähigkeit, grafomotorische Leistungen, Integrationsfähigkeit, Sozialverhalten, Konzentration, Ausdauer). Wie die Krone entwickelt ist, hängt von der Reifung und dem Zusammenspiel der einzelnen Teilleistungen ab, die in den Wurzeln und im Stamm liegen.

15 Vgl. Sindelar, Brigitte: Partielle Entwicklungsdefizite in der Informationsverarbeitung: Teilleistungsschwächen als Ursache kindlicher Lern- und Verhaltensstörungen. 2. überarb. Aufl., Austria Press 2011.

Sind einzelne oder mehrere Teilleistungen nicht so stark ausgeprägt wie die anderen, entstehen in der Krone des Baumes Dellen, also Entwicklungsdefizite. Diese können jedoch durch eine gezielte Förderung aufgeholt und ausgeglichen werden. Wird dies versäumt, ist es zwar möglich, einzelne Defizite zu kompensieren, jedoch verwachsen sie sich mit zunehmendem Alter nicht mehr von selbst. Dies bedeutet also, dass für ein optimales Vorankommen in der schulischen Entwicklung – aber auch später in Ausbildung oder im Studium – das gezielte Arbeiten an den Teilleistungsschwächen unumgänglich ist.

Um die Komplexität der Anforderung im schulischen Alltag besser verstehen zu können, möchte ich aufzeigen, welche verschiedenen **Teilleistungen** von Schülern beherrscht werden müssen, um z. B. ein Diktat mit Erfolg schreiben zu können:

1. **Auditive Aufmerksamkeit**: Der Schüler muss dem Lehrer zuhören und sich von seiner Umgebung nicht ablenken lassen.
2. **Auditives Gedächtnis**: Dann muss er das Gehörte im Gedächtnis behalten.
3. **Auditive Differenzierung**: Außerdem hat er die Aufgabe, die Laute von ähnlich klingenden Lauten zu unterscheiden (z. B. *o/u*, *b/p*, *g/k*).
4. **Visuelles Gedächtnis**: Anschließend muss er bestimmen, wie der gehörte Laut geschrieben aussieht.
5. **Auditive Gliederung und Analyse**: Nun muss er die Worte in ihre einzelnen Laute zergliedern.
6. **Visuelle Differenzierungsfähigkeit**: Beim Heraussuchen der passenden Buchstabengestalt muss der Schüler aufpassen, dass er ähnlich aussehende Buchstaben nicht miteinander verwechselt.
7. **Intermodalität**: Darüber hinaus muss er den gehörten Laut mit dem gesehenen Laut verknüpfen.
8. **Visomotorische Koordinationsleistung**: Wenn ihm dies gelungen ist, muss er seine Hand beziehungsweise seine Finger steuern, um die Schreibbewegung durchzuführen
9. **Raumorientierung**: Außerdem muss er darauf achten, dass die Buchstaben in der richtigen Lage und an der richtigen Stelle stehen.
10. **Serialität**: Schließlich darf der Schüler die Reihenfolge der Buchstaben nicht verwechseln und auch keinen vergessen.

Nur wenn alle diese Teilleistungen erbracht werden und das Zusammenspiel funktioniert, kann das Diktat mit einem guten Ergebnis geschrieben werden. Vor diesem Hintergrund ist es verwunderlich, dass Menschen beim Schreiben von Diktaten nicht mehr Fehler machen.

Für Lern- und Verhaltensstörungen gibt es vielfältige Ursachen. Als eine mögliche Ausprägung einer Lernstörung nennt Brigitte Sindelar auch die Legasthenie. Sie geht folglich davon aus, dass – wenn die Teilleistungen des Menschen nicht gleichmäßig entwickelt sind – es passieren kann, dass hieraus besondere Schwierigkeiten im Lesen und Schreiben entstehen können.[16]

Deshalb kann es in Einzelfällen hilfreich sein, bei Schülern mit Lern- und Verhaltensstörungen den **Teilleistungstest** von Sindelar[17] durchzuführen. Eine Überprüfung ist bei Schülern anzuraten, die

- Schwierigkeiten haben, ihre Aufmerksamkeit über einen längeren Zeitraum aufrechtzuerhalten.
- schnell abgelenkt sind.
- Probleme haben, aus den auf sie einwirkenden Reizen die relevanten herauszufiltern und die anderen auszublenden.
- eine schlechte (auditive oder visuelle) Merkfähigkeit zeigen.

16 Vgl. Sindelar, Brigitte: Mein Kind ist doch nicht dumm – Teilleistungsschwächen als Ursache von Legasthenie, Leseschwäche, Rechenschwäche. Verlag Austria Press 2000.

17 Vgl. Sindelar, Brigitte: Handanweisung zum Verfahren zur Erfassung von Teilleistungsschwächen. 6. überarbeitete Auflage, Verlag Austria Press 2002.

- sich nur schwer auf eine Sache konzentrieren können.
- Probleme in der Raumorientierung zeigen, aber noch keine spezifischen Defizite (z. B. im Lesen, Schreiben oder Rechnen) aufweisen.

Falls Sie Schüler mit diesen Symptomen in Ihrer Klasse haben, wenden Sie sich an das für Ihre Schule zuständige Beratungs- und Förderzentrum (BFZ). Dort kann der Test entweder dirket durchgeführt werden oder es liegt zumindest eine Liste von zertifizierten Sindelar-Trainern vor, die die jeweiligen Schüler dann testen können.

5.3 BILDUNG KOMMT INS GLEICHGEWICHT (DOROTHEA BEIGEL)

Das Gemeinschaftsprojekt „Schnecke – Bildung braucht Gesundheit“ des Hessischen Kulturministeriums und der Hochschulen Aalen und Bochum belegt: Viele Schüler haben Gleichgewichtsschwierigkeiten und diese wirken sich negativ auf Schulnoten aus.[18]

So zeigte die Studie auf, dass zwei Drittel aller Grundschüler und 50 Prozent der Schüler einer weiterführenden Schule Verarbeitungsschwierigkeiten in Bezug auf ihr Gleichgewicht haben. Bei Schülern mit Schwierigkeiten in der Verarbeitung von Gleichgewichtsreizen wurde festgestellt, dass die Noten in Mathe, Deutsch und Sport um 0,6 – 0,7 Notenpunkte schlechter waren als bei Schülern mit unauffälligen Befunden. Schwindel, motorische Fehlleistungen sowie Sprach- und Lernstörungen können die Folgen sein. Gleichgewichtsstörungen können demnach das Leben von Menschen stark beeinträchtigen.

Den Ergebnissen des Projekts „Schnecke“ zufolge haben Schulnoten also nicht nur etwas mit dem Sehen und Hören, sondern auch in besonderem Maße mit dem Gleichgewicht von Schülern zu tun.

Diesen Zusammenhang sieht auch Dorothea Beigel. Wie auch Sindelars Ansatz gehört ihr Projekt „Bildung kommt ins Gleichgewicht“, das aus ihren Erfahrungen in pädagogischer Einzel- und Gruppenförderung mit Schülern im Alter von sechs bis siebzehn Jahren entstanden ist, in den Bereich der Wahrnehmungsförderung. Dabei fokussiert Beigels Vestibularprogramm insbesondere auf die Schulung des Gleichgewichtes als Mittel der Lernunterstützung.

Das von ihr entwickelte Programm ist in allen Klassenstufen und Schulformen durchführbar. Es erstreckt sich über ein ganzes Schuljahr und führt nach und nach einfache Bewegungen zur Schulung des Gleichgewichtes ein. Auf diese Weise werden Schüler und Lehrer regelmäßig in ihrer Gesundheit, ihrem Wohlbefinden und ihrem Lernen sowie Lehren unterstützt.

Die Bewegungen aktivieren das Gleichgewichtssystem und fordern es gleichermaßen zu Verarbeitungsprozessen und Hirnaktivität auf. Die einzelnen Bewegungsabläufe sind in fünf Stufen gegliedert, von denen jede Stufe etwa acht Wochen lang durchgeführt und täglich wiederholt wird. Dabei findet eine Steigerung von leichteren Verarbeitungsanforderungen der Gleichgewichtsreize hin zu komplexeren Formen statt.

Die einzelnen Stufen sollten nicht direkt zu den Ferien enden, sondern besser ein bis zwei Wochen nach den Ferien noch einmal aufgegriffen werden. Erst danach wird in die nächste Stufe gewechselt.

Ein besonderes Merkmal des Programms ist die Hinführung zu langsamen Bewegungen. Die Langsamkeit intensiviert die Verarbeitung und erwirkt eine gezielte Steuerung der Motorik. Hierdurch wird eine

18 Vgl. auf der Homepage des Projekts unter http://www.bildung-kommt-ins-gleichgewicht.de/.

konzentrierte Atmosphäre geschaffen. Durch das gemeinsame Tun entsteht zudem ein positives, harmonisches Gruppengefühl.

Ein Grundpfeiler des Programms ist das **Prinzip der Wiederholung**: Schüler lieben Wiederholungen, weil sie ihnen helfen, mit Gegenständen, Texten oder Bewegungsabläufen vertraut zu werden. Durch Wiederholung können Abläufe verinnerlicht und somit automatisiert werden. Rhythmus ist ein musikalisches Element, das in der linken Gehirnhälfte verarbeitet wird – in dem Teil, in dem auch der Spracherwerb stattfindet. Rhythmische Wiederholung ist für die menschliche Muskulatur meist unbewusst, aber ständig gegenwärtig. **Stille** dagegen ist für viele Kinder und Jugendliche kaum mehr ertragbar, weil sie einer Überflutung von Wahrnehmungseindrücken entgegensteht. Gerade deshalb ist sie auch ein Teil des Programms. Atemübungen beruhigen und wirken dennoch gleichermaßen aktivierend. Bewusste **Atmung** kann dazu beitragen, den Körper besser zu fühlen, Verspannungen, Erschöpfung oder Kopfschmerz zu lindern.

Für den Einsatz im Schulbereich ist Beigels Programm besonders geeignet, weil

- es in Schülergruppen durchgeführt werden kann und dennoch die Individualität des Einzelnen berücksichtigt.
- viele Personen gleichzeitig und strukturiert üben können.
- es gut in den Tagesablauf der Schule eingebunden werden kann und somit die Regelmäßigkeit des Übens gewährleistet ist.
- durch die kurzen Übungsintervalle (ein bis drei Minuten **vor** jeder Unterrichtsstunde), die Lerninhalte nicht vernachlässigt werden.
- mit diesem Gleichgewichtsprogramm die Schüler- und Lehrergesundheit gleichermaßen gefördert wird.
- für die Durchführung der Übungen kein zusätzlicher Raum nötig ist. Jeder Schüler stellt sich einfach neben seinen Platz.

Beigel hat einen bebilderten Kalender mit Beschreibungen der Übungen entwickelt, der im Klassenraum aufgehängt wird, und so hilft, alle daran zu erinnern, dass und gleichzeitig was geübt werden soll.[19]

Die größte Hürde bei der Einführung des Programms ist erfahrungsgemäß die regelmäßige Durchführung. Darum sollten Lehrkräfte jede Woche einen Schüler als Verbündeten einsetzen, der die Übungen auf dem Bewegungsplan abzeichnet. Dies ist erfahrungsgemäß hilfreich, um die Regelmäßigkeit der durchgeführten Übungen zu gewähren und keine auszulassen. Außerdem übernehmen dadurch immer wieder andere Schüler wechselnd die Verantwortung für die gemeinsame Durchführung und entlasten die Lehrkräfte.

Wenn Schüler bei den Übungen umfallen, reden, albern oder versuchen, andere abzulenken, sind sie oft überfordert und können die Arbeit des Gleichgewichtssystems noch nicht bewältigen. Lassen Sie sie gewähren und geben Sie ihnen die Gelegenheit, die Übungen z. B. mit offenen Augen durchzuführen. Sie können die Übungen auch individuell vereinfachen oder einzelnen Schülern die Gelegenheit geben, eine Übung auszusetzen.

Wichtig: Die Bewegungen sollen nicht mit gut oder schlecht bewertet werden. Lob und Anerkennung für den regelmäßigen Einsatz stehen im Mittelpunkt!

---

19 Vgl. Beigel, Dorothea: Bildung kommt ins Gleichgewicht: „Guten Morgen, liebes Knie!" Ein Gleichgewichtsprogramm zur Lernunterstützung (mit Begleitheft). Borgmann Media 2015.

6 DIE SCHULISCHE FÖRDERUNG LAUT DER „VERORDNUNG ZUR GESTALTUNG DES SCHULVERHÄLTNISSES“

Seit dem 19. August 2011 gilt die „Verordnung zur Gestaltung des Schulverhältnisses“ und löst damit die alte „Verordnung über die Förderung von Schülerinnen und Schülern mit besonderen Schwierigkeiten beim Lesen, Rechtschreiben oder Rechnen“ (VOLRR) ab. Diese Verordnung – insbesondere der sechste Teil – betrifft Schüler mit besonderen Schwierigkeiten beim Lesen, Rechtschreiben oder Rechnen und besagt, dass diese einen Anspruch auf individuelle Förderung haben. Sie gilt für Schüler aller Schulformen, auch für diejenigen, deren Muttersprache nicht Deutsch ist.

Ausgenommen von der Verordnung sind Kinder mit einer umfassenden Lernbehinderung, mit einer geistigen Behinderung sowie mit besonderen Sinnes-, Sprach- oder Körperbehinderungen, wenn diese für die Schwierigkeiten beim Lesen und Schreiben verantwortlich sind.

6.1 DIE AUFGABEN DER SCHULE

Jede Schule muss ein schulbezogenes Förderkonzept entwickeln. Es wird innerschulisch eine qualifizierte Lehrkraft ernannt, die als Ansprechpartner fungiert. Wichtig ist, dass es zu den Aufgaben der Schule gehört, die besonderen Schwierigkeiten von Schülern festzustellen.

Anhaltspunkte für die Feststellung von besonderen Schwierigkeiten sind unter anderem:

- hohe Fehlerzahl bei freien Texten
- Unsicherheiten bei der Laut-Buchstabe-Zuordnung
- fehlende phonologische Bewusstheit
- überproportional viele Fehler bei ungeübten Diktaten

Die Konstatierung überdurchschnittlich vieler Fehler ist aber **nicht** mit einer qualifizierten Diagnostik zu verwechseln! Die Diagnostik (mit IQ-Test und Lese- beziehungsweise Rechtschreibtest) wird ausschließlich von Kinderpsychologen oder Kinderpsychiatern durchgeführt und dient unter anderem dazu, eine Teilhabebeeinträchtigung am gesellschaftlichen Leben festzustellen.

Um auf die besonderen Schwierigkeiten von Schülern aufmerksam werden zu können, kann im Einzelfall die Beratung durch einen Schulpsychologen oder Mitarbeiter des Beratungs- oder Förderzentrums (BFZ) zur Unterstützung angefordert werden.

Als Lehrkraft sollte man in der Schülerakte festhalten, welche besonderen Stärken und Schwächen die Schüler haben und dafür eine oder, wenn nötig, mehrere Fehleranalysen durchführen. Außerdem ist es hilfreich, die Einschätzung von Kollegen einzuholen sowie Gespräche mit den Eltern zu führen. Wenn bereits außerschulische Gutachten erstellt worden sind, sollen diese berücksichtigt werden. Eine individuelle Lernprognose ist zu erstellen und die Leitfrage zu beantworten, ob der jeweilige Schüler besondere schulische Förderung benötigt.

Die Förderung hat unter anderem das Ziel, das Selbstwertgefühl zu stärken, sodass sich die Schüler ihrer Stärken bewusst werden. Sie sollten ermutigt werden und Erfolgserlebnisse vermittelt bekommen. Außerdem gilt es, Lernhemmungen abzubauen und nach Möglichkeiten zu suchen, die Lust auf das Lesen und Schreiben wieder zu wecken beziehungsweise sie zu erhalten. Arbeitstechniken und fachspezifische Lernstrategien, die dazu dienen, die Lernschwächen auszugleichen oder zu mildern, sollen vermittelt werden.

Der Fachlehrer ist dabei für verschiedene Aufgabenbereiche zuständig. Er muss

- die Klassenkonferenz einberufen.
- den Förderplan verfassen und diesen halbjährlich mit den Eltern besprechen.
- Bindeglied zwischen Eltern, Schule und gegebenenfalls außerschulischer Förderung sein.
- die schulische Förderung durchführen und protokollieren. Aus dem Förderplan, der transparent, konkret und realistisch sein soll, müssen der Entwicklungsstand, die Lernausgangslage, die individuelle Entwicklung und ein konkreter, verbindlicher Zeitplan sowie eventuell außerschulische Maßnahmen hervorgehen.

6.2 FÖRDERMASSNAHMEN

Die sogenannten Legasthenieerlasse sind in allen Bundesländern individuell geregelt und werden mit unterschiedlichen Schwerpunkten umgesetzt. Sie stellen die rechtliche Grundlage für die schulische Förderung der Betroffenen dar.

Für die konkreten Vorgaben und die praktische Umsetzung in den einzelnen Bundesländern ist der Beschluss der Kultusministerkonferenz (KMK) vom 04.12.2003 in der Fassung vom 15.11.2007 „Grundsätze zur Förderung von Schülerinnen und Schülern mit besonderen Schwierigkeiten im Lesen, Rechtschreiben oder im Rechnen“ maßgebend.[20]

Die Bundesländer gestalten ihren Lehr- und Förderauftrag eigenständig und erlassen ihre eigenen Vorschriften, die zum Teil auch erheblich voneinander abweichen. Daher gibt es keine bundesweit einheitlichen Vorgaben, wie schulische Förderung oder Nachteilsausgleiche ausgestaltet werden sollen. Da es in allen 16 Bundesländern eigene Landesverbände gibt, finden sie auf der Internetseite des BVL die Einzelheiten über die landesbezogene Vorgehensweise zu den Bestimmungen des jeweiligen Bundeslandes.[21]

Am Beispiel des Hessischen Erlasses zur Förderung von Schülern mit besonderen Schwierigkeiten im Lesen und Schreiben, erläutere ich im Folgenden mögliche Vorgehensweisen.[22]

Grundsätzlich besteht ein Anspruch der Schülern auf eine individuelle Förderung, aber **nicht** auf eine bestimmte Fördermaßnahme. Fördermaßnahmen können sich auf alle Unterrichtsfächer beziehen, z. B. auch auf Fremdsprachen. Sie sollten zum Ziel haben, die Jugendlichen zu ermutigen, sich mit dem Lesen und Schreiben zu beschäftigen. Außerdem ist es wichtig, ihnen Erfolgserlebnisse zu vermitteln und ihnen dabei zu helfen, sich ihrer Stärken (wieder) bewusst zu werden. Des Weiteren müssen Lernblockaden abgebaut werden und die Schüler sollen Arbeitstechniken und Lernstrategien erlernen, die ihnen dabei helfen, ihre Schwächen auszugleichen und den Anschluss an das Klassenniveau wiederzufinden.

20 http://www.bvl-legasthenie.de/images/static/pdfs/KMK_120403-Lese-Rechtschreibschwaeche_KMKBeschluss2007.pdf
21 http://www.bvl-legasthenie.de/bundesverband/landesverbaende.html
22 Vgl. http://www.lvl-hessen.de/

In der Regel sollten diese Fördermaßnahmen, der Nachteilsausgleich und der Notenschutz, bis zum Ende der Sekundarstufe I abgeschlossen sein.

Die **Fördermaßnahmen** können aus unterschiedlichen Komponenten bestehen:

- **Unterricht in besonderen Lerngruppen**
  Die Klassenkonferenz stimmt darüber ab, ob ein Schüler an einem Förderkurs teilnehmen soll. Die Teilnahme ist dann verpflichtend und die Lernfortschritte werden halbjährlich mit den Eltern besprochen und in der Klassenkonferenz dargestellt. Ob Förderkurse eingerichtet werden, obliegt der Schulleitung.

- **Binnendifferenzierung**
  Unter Binnendifferenzierung ist die Förderung einzelner Schüler in einer bestehenden Lerngruppe zu verstehen. Beispielsweise mithilfe von Wochenplänen, Stations- oder Projektarbeit sollen Schüler individuell, entsprechend ihres jeweiligen Lern- und Leistungsvermögens, arbeiten. Nach Möglichkeit soll eine Regelung gefunden werden, die individuell für den jeweiligen Schüler sinnvoll und Erfolg versprechend ist.

- **Nachteilsausgleich**
  Grundsätzlich sollte, ehe der Notenschutz gewährt wird, zunächst der Nachteilsausgleich angewandt werden.
  Der Übergang von der Binnendifferenzierung zum Nachteilsausgleich kann fließend sein: Unter Nachteilsausgleich versteht man z. B. die Verlängerung von Klassenarbeitszeiten, die Bereitstellung didaktisch-methodischer Hilfsmittel (z. B. größere Schrift, Lesepfeile, Diktiergeräte), eine differenzierte Aufgaben- und Hausaufgabenstellung oder auch eine mündliche Prüfung anstelle einer schriftlichen Klassenarbeit.
  Der Antrag wird entweder von den Eltern oder der Klassenkonferenz (nach einem Gespräch mit den Eltern) gestellt. Ob und wie lange der Nachteilsausgleich gewährt wird, entscheidet die Schulleitung, nachdem sie die Klassenkonferenz angehört hat.
  Wenn mit dem Nachteilsausgleich ein Abweichen von den Grundsätzen der Leistungsfeststellung und -bewertung verbunden ist, muss dies im Zeugnis erwähnt werden.

- **Besondere Regelungen zur Leistungsfeststellung und -bewertung**
  Hierunter versteht man beispielsweise die stärkere Gewichtung von mündlichen Leistungen. Auch ein Verzicht auf die Bewertung der Lese- und Rechtschreibleistung in Leistungsüberprüfungen ist möglich. Darüber hinaus kann diese besondere Regelung im Zeugnis für ein Schulhalbjahr in begründeten Ausnahmefällen vereinbart und aufgeschrieben werden. Hierüber entscheidet die Klassenkonferenz.

- **Besondere Regelungen für die Erteilung von Abschlüssen**
  Es besteht auch für Abschlussprüfungen die Möglichkeit, dass ein Nachteilsausgleich gewährt wird. Hierüber entscheidet die Schulleitung gemeinsam mit der Klassenkonferenz. Voraussetzung dafür ist außerdem, dass ein individueller Förderplan vorliegt. Zudem muss das Schulamt über diesen Vorgang unterrichtet werden.

7 DIE SCHULAUSKUNFT – EINE KOMPONENTE BEI DER BEANTRAGUNG EINER AUSSERSCHULISCHEN LEGASTHENIETHERAPIE

In den Fällen, in denen schulische Förderung mindestens ein Jahr lang stattgefunden hat, sich sowohl die Lehrer als auch die Schüler und die Eltern größte Mühe gegeben haben, die besonderen Schwierigkeiten im Lesen und Rechtschreiben aufzufangen oder sogar zu beseitigen, dies aber trotz aller Anstrengungen nicht in ausreichendem Maße gelungen ist, kann und sollte von den Eltern ein Antrag auf eine außerschulische Legasthenietherapie gestellt werden.

Dieser Antrag wird dem für den jeweiligen Schüler zuständigen Jugendamt vorgelegt. Die außerschulische Legasthenietherapie ist eine einkommensunabhängige Leistung (Hinweise zur Beantragung und zu den notwendigen Schritten finden Sie unter 8.3).

Als eine der drei gleichberechtigten Komponenten gilt die Schulauskunft, die der zuständige Deutschlehrer ausfüllen muss. Sie ist verpflichtend und es ist unabdingbar, dass in den Aussagen der Schulauskunft herausgearbeitet wird, dass bei dem jeweiligen Schüler eine **Teilhabebeeinträchtigung am gesellschaftlichen Leben** vorliegt. Die Formblätter für die Schulauskunft sollten in der Regel in jeder Schule vorliegen. Sie erhalten diese aber auch auf Anfrage bei den Jugendämtern.

Im Folgenden werden einige wichtige Angaben für die einzelnen Unterpunkte aufgeführt. Selbstverständlich müssen diese Angaben an die realen Gegebenheiten angepasst werden und der Wahrheit entsprechen.

- **Leistungsentwicklung**:
  Auffällig, z. B.: *„Anfangs war der Schüler noch motiviert und eifrig; nach vielen Misserfolgserlebnissen resigniert er immer mehr, zieht sich zurück, bricht häufig in Tränen aus oder verweigert möglicherweise ganz die Mitarbeit."*

- **Leistungen im Bereich Lesen/Schreiben**:
  z. B.: *„Der Schüler ist nicht auf dem durchschnittlichen Leistungsstand der Klasse ..., insbesondere bei ..."*

- **Schriftbild**:
  z. B. *krakelig; schwer lesbar; keine Ober-/Unterlängen; nach rechts/links kippend; nicht eindeutig, eventuell um Unsicherheiten zu vertuschen; unregelmäßig; gedrungen; unverhältnismäßig groß/klein ...*

- **Auditive Wahrnehmungsstörungen**:
  sollte überprüft werden, eventuell Sindelartest durchführen

- **Visuelle Wahrnehmungsstörungen**:
  sollte überprüft werden, eventuell Sindelartest durchführen

- **Liegt eine allgemeine Lernschwäche vor?**
  Nein!

- **Bewegungsverhalten**:
  Auch hier gilt es wieder, die individuellen Schwächen, Unsicherheiten oder Auffälligkeiten (z. B. Grob- oder Feinmotorik, Überaktivität oder Gehemmtheit) herauszuarbeiten. Je genauer und in sich stimmiger die Angaben sind, desto größer ist die Chance auf eine Kostenübernahme.

- **Sozialverhalten**
  Die Fragen zum Sozialverhalten sind am relevantesten. Hier muss bei der Antwort dezidiert die Teilhabebeeinträchtigung herausgearbeitet werden.
  - Störverhalten (z. B. *stört ständig; Überangepasstheit*)
  - Stellung im Klassenverband (z. B. *Außenseiter; Klassenclown*)
  - Konfliktverhalten (z. B. *streitlustig/aggressiv; angepasst*/ängstlich)
  - psychische Befindlichkeit (z. B. *extrovertiert; in sich gekehrt*)

Auf die Frage „*Leidet das Kind aufgrund seiner Lese-Rechtschreib-Schwäche?*" sollten die Anzeichen, die auf eine Teilhabebeeinträchtigung hinweisen, noch einmal sorgfältig herausgearbeitet werden. Die Antwort sollte auf jeden Fall mit „*Ja, der Schüler XY leidet sehr aufgrund seiner Rechtschreibschwierigkeiten, weil ...*" beginnen.

Abschließend sollte die eigene Schulauskunft noch einmal auf eventuelle Widersprüche überprüft werden, da Unstimmigkeiten den Mitarbeitern der Jugendämter garantiert auffallen. So wäre es beispielsweise weder sinnvoll noch logisch, in einer Schulauskunft den Schüler unter dem Punkt *Stellung im Klassenverband* als integriert und unter dem Punkt *psychische Befindlichkeit* als selbstbewusst und aufgeschlossen zu beschreiben und dann später anzugeben: „*Die Rolle des Klassenclowns nimmt der Schüler häufig ein, wenn im Plenum gesprochen wird.*" Tatsächlich haben Klassenclowns meist starke Selbstwertprobleme und sind keinesfalls selbstbewusst. Indem sie andere zum Lachen bringen, versuchen sie, sich in den Klassenverband zu integrieren, auch wenn ihr albernes und störendes Verhalten auf Dauer häufig zu einer erneuten Isolation führt.[23] Derart widersprüchliche Aussagen sind unbedingt zu vermeiden, denn sie führen unausweichlich zu einer Ablehnung der Kostenübernahme.

Schulische Feststellungen und Maßnahmen

Unter diesem Punkt wird die schulische Situation bezogen auf den Unterricht abgefragt. Hier ist darauf zu achten, dass gegebenenfalls auch die fachübergreifenden Schwierigkeiten, z. B. bei stark beeinträchtigten Lesefähigkeiten, mit aufgegriffen und verdeutlicht werden. Ganz entscheidend für eine Kostenübernahme durch das zuständige Jugendamt sind die bestätigte einjährige Vorförderung in der Schule sowie die Bestätigung, dass die schulische Förderung nicht ausreichend und damit eine außerschulische Förderung zwingend erforderlich ist. Gibt man an, dass ein Förderkurs besucht oder innerhalb des Unterrichts mit binnendifferenziertem Material gearbeitet wird, so muss der individuelle Förderplan beigelegt werden.

23 Vgl. Plass, Jürgen: Klassenclown, Quatschliesel & Co. Der Elternratgeber für schwierige Erziehungssituationen. Compact 2006.

8 BESONDERE SCHWIERIGKEITEN BEIM LESEN UND SCHREIBEN

Seit 1978 findet im schulischen Rahmen laut Kultusministerkonferenz (KMK) der Ausdruck *„Legasthenie“* keine Verwendung mehr. Es wird stattdessen von *„Schülern mit besonderen Schwierigkeiten im Lesen, Schreiben oder Rechnen“* gesprochen. Befasst man sich mit der Definition von Lese- und Rechtschreibschwierigkeiten, wird man dennoch immer wieder mit verschiedenen Bezeichnungen konfrontiert (z. B. *„Lese-Rechtschreib-Schwäche“*, *„Teilleistungsschwächen“* oder *„-störungen“*, *„[isolierte] Lese-Rechtschreib-Schwierigkeiten“*, *„Entwicklungsverzögerungen im Lesen oder Schreiben“*, *„Dyslexie“*[24] beziehungsweise *„Dysorthografie“*[25]) – auch der Begriff *„Legasthenie“* taucht nach wie vor in der Fachliteratur auf.

Wie schon in den Vorbemerkungen ausgeführt ist es ganz gleich, welche Bezeichnung man favorisiert: Es sollte in erster Linie darum gehen, Kindern mit besonderen Schwierigkeiten im Lesen und/oder Rechtschreiben dabei zu helfen, eine Schullaufbahn einzuschlagen, die ihrer Intelligenz angemessen ist und sie bestmöglich zu unterstützen und zu fördern.

8.1 DEFINITION NACH ICD-10

In der ICD-10, der aktuellen Version der „Internationalen statistischen Klassifikation der Krankheiten und verwandter Gesundheitsprobleme“, die von der „World Health Organisation“ (WHO) herausgegeben wird, werden unter Punkt *F81* die „Umschriebenen Entwicklungsstörungen schulischer Fertigkeiten“ genauer dargelegt.[26] Allgemein handelt es sich hierbei laut ICD um Störungen, bei denen die normalen Muster des Fertigkeitserwerbs von frühen Entwicklungsstadien an gestört sind. Diese Störungen seien aber *keine* Folge eines Mangels an Lerngelegenheiten, unangemessener Beschulung, Intelligenzminderung, niedrigem Intelligenzalter, einer Hirnschädigung oder -krankheit oder von Visusproblemen.[27] Jungen sind nachweislich von diesen Störungen häufiger betroffen als Mädchen.

Es werden drei Gruppen unterschieden:

- **Lese- und Rechtschreibstörung (F81.0)**: In dieser Gruppe werden bedeutsame Beeinträchtigungen der Rechtschreibfähigkeiten und Beeinträchtigungen bei der Entwicklung der Lesefertigkeit zusammengefasst. Schüler, die zu dieser Gruppe gehören, werden dadurch charakterisiert, dass sie z. B. extrem langsam und stockend lesen und gelesene Worte nicht wiedererkennen. Zudem werden Wörter im Satz oder Buchstaben in Wörtern vertauscht. Ein sinnverstehendes oder schlussfolgerndes Lesen ist nicht möglich. Da es sich insbesondere beim Lesen um eine fächerübergreifende Kompetenz handelt, treten bei betroffenen Schülern in der Schulzeit häufig begleitende Störungen im emotionalen und Verhaltensbereich auf.

- **Isolierte Rechtschreibstörung (F81.1)**: Bei den Betroffenen liegt eine Störung in der Entwicklung der Rechtschreibfertigkeiten vor. Das bedeutet, dass die Fähigkeiten, Wörter korrekt zu durchgliedern und Wörter korrekt zu schreiben, unterdurchschnittlich stark ausgeprägt sind. Die Lesekompetenz ist bei diesen Schülern durchschnittlich entwickelt.

24 „Dyslexia“ ist der englischsprachige und international verbreitete Begriff für „Leseschwäche“.
25 Rechtschreibeschwäche
26 Vgl. ICD-10 (einsehbar unter: http://www.icd-code.de/icd/code/F81.1.html).
27 Seh- oder Hörstörung

- **Rechenstörung (F81.2)**: Zu dieser Gruppe zählen Schüler, die große Probleme beim Rechnen haben, ansonsten aber eine durchschnittliche Intelligenz aufweisen.

Wichtig: Im ICD-10 werden lediglich die Symptome dieser Störungen beschrieben. Über die Ursachen oder die notwendige Behandlung finden sich hier keine Informationen.

8.2 MÖGLICHE URSACHEN FÜR EINE LESE-RECHTSCHREIB-SCHWÄCHE

Zunächst einige Fakten vorab: Legasthenie wurde bereits Anfang des 19. Jahrhunderts von britischen Ärzten als kongenitale[28] Wortblindheit beschrieben. Sie gehört zu den häufigsten kinder- und jugendpsychiatrischen Erkrankungen mit chronischem Verlauf. In diesem Zusammenhang ist wichtig zu wissen, dass **nicht** die Lese-Rechtschreib-Schwierigkeiten an sich, sondern ihre Auswirkungen zu einer kinder- und jugendpsychiatrischen Erkrankung führen.

Lese-Rechtschreib-Schwierigkeiten werden in allen Schriftsprachen gefunden (z. B. auch in der piktografischen[29] chinesischen Schriftsprache). Trotz ausreichender Beschulung und guter kognitiver Fähigkeiten erreichen Betroffene oft keine ausreichenden Lese- und Rechtschreibfähigkeiten. Im Erwachsenenalter erreichen vier bis sechs Prozent der Menschen nicht das Lese-Rechtschreib-Niveau eines durchschnittlichen Viertklässlers.[30]

Der Vergleich internationaler Studien zeigt, dass vier bis fünf Prozent aller Schüler eines Jahrgangs von einer Lese-Rechtschreib-Schwäche betroffen sind, wobei diese bei Jungen zwei- bis dreimal häufiger auftritt als bei Mädchen.

Lese-Rechtschreib-Schwierigkeiten „verwachsen" sich nicht automatisch im Verlauf der kindlichen Entwicklung, sondern bleiben oftmals über die Pubertät hinaus bestehen. Dementsprechend ist das Schulabschlussniveau der Betroffenen im Durchschnitt wesentlich geringer. Schüler mit besonderen Schwierigkeiten erreichen ein deutlich geringeres Berufsausbildungsniveau und sind stärker von Arbeitslosigkeit betroffen.[31]

Befasst man sich mit den Ursachen, die für eine Legasthenie verantwortlich gemacht werden können, erscheint aktuell das Zusammenwirken verschiedener Faktoren (multifaktorieller Ansatz) am plausibelsten.

Im Folgenden soll das Mehrebenen-Ursachenmodell von Dr. med. Schulte-Körne vorgestellt werden, das neurobiologische Faktoren als mögliche Ursachen für LRS in den Vordergrund rückt.

28 angeboren
29 bilderschriftlich
30 Vgl. Schulte-Körne, Gerd/Remschmidt, Helmut: Legasthenie – Symptomatik, Diagnostik, Ursachen, Verlauf und Behandlung. In: Deutsches Ärzteblatt (3/2003), S. 134.
31 Vgl. ebd., S. 134.

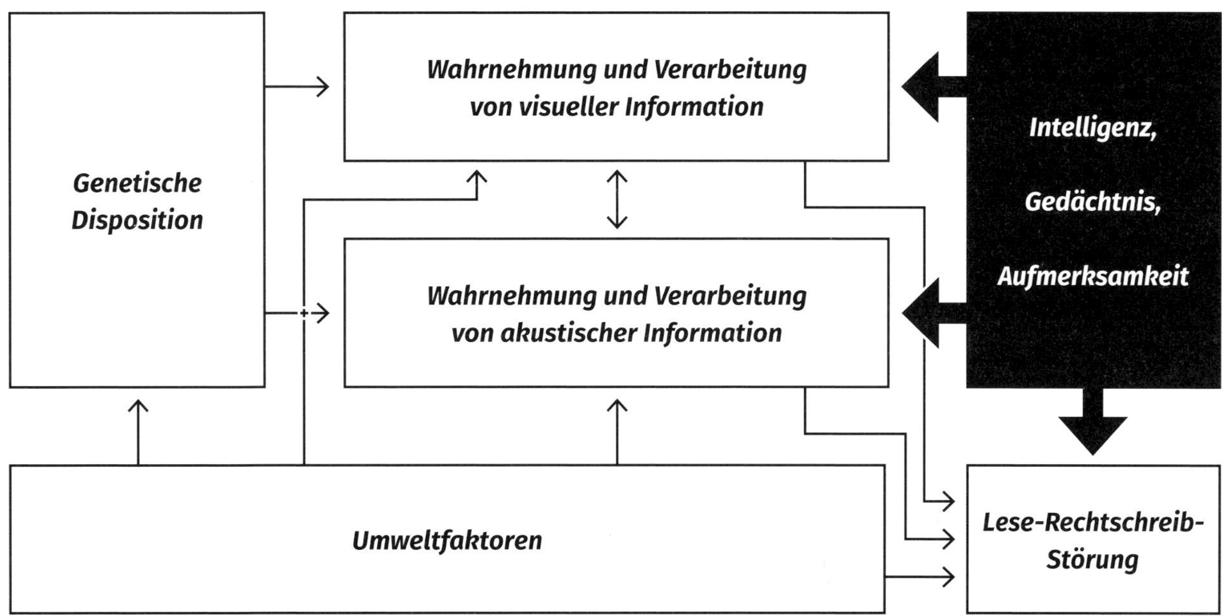

Die folgenden Komponenten scheinen sich gegenseitig zu bedingen beziehungsweise zu beeinflussen:

Genetische Disposition

Die familiäre Häufung von LRS ist vielfach untersucht worden. Dabei konnte belegt werden, dass sich die Wahrscheinlichkeit einer Lese- und Rechtschreibschwäche um 40 Prozent erhöht, wenn ein Elternteil betroffen ist und sie sogar um 50 Prozent höher ist, wenn ein Geschwisterkind LRS hat. Bei Jungen ist der genetische Einfluss nachweislich höher als bei Mädchen.[32]

Es konnten sechs chromosomale Regionen identifiziert werden, in denen sogenannte „Kandidatengene“[33] für LRS vermutet werden. Die Kandidatengene, so wird angenommen, spielen eine wichtige Rolle bei der Regulation von zentralnervösen Prozessen. In den genannten Regionen werden vermutlich neurophysiologische sowie neuropsychologische Funktionen gesteuert, deren Störung (z. B. bei der Sprachverarbeitung) den Schriftspracherwerb entscheidend behindern.

Wahrnehmung und Verarbeitung akustischer Informationen

Die Sprachwahrnehmung ist eine wesentliche Voraussetzung für den erfolgreichen Schriftspracherwerb. Bei Menschen mit Lese-Rechtschreib-Schwäche finden sich geringere Aktivierungsmuster auf der Hirnrinde, wenn zeitlich schnell aufeinanderfolgende nicht sprachliche Informationen verarbeitet werden müssen. Bereits bei Säuglingen mit familiär bedingtem Risiko für die Entwicklung einer LRS zeigt sich eine geringere kortikale[34] Aktivierung bei der Wahrnehmung von Sprachreizen. Auch konnten funktionelle Defizite der linken Hirnhälfte bei Aufgaben zur phonologischen Bewusstheit nachgewiesen werden. Lautliche Segmente können nicht unterschieden und gespeichert werden, unter anderem, weil Regionen des Großhirns weniger aktiviert sind.

32 Vgl. ebd., S. 136.
33 Gene, die eventuell das Auftreten bestimmter Krankheitsbilder beeinflussen
34 in der Hirnrinde sitzend

Phonologische Bewusstheit

Die Fähigkeit, Laute zu analysieren, sie zusammenzufügen und sich ihrer zu erinnern, ist entscheidend für den Schriftspracherwerb und das Lesen. In mehreren internationalen Studien ist bewiesen worden, dass die fehlende phonologische Bewusstheit für die Ausbildung einer Legasthenie mitverantwortlich ist. Ein geringes phonologisches Bewusstsein stellt bereits im Vorschulalter ein großes Risiko für die Entstehung von Lese-Rechtschreib-Schwierigkeiten dar. Noch bei Erwachsenen mit LRS lassen sich deutliche Schwächen der phonologischen Bewusstheit finden.[35]

Wahrnehmung und Verarbeitung visueller Informationen

Wort- und Buchstabeninformationen in spezifischen Hirnarealen werden bei lese- beziehungsweise rechtschreibschwachen Menschen stark verzögert und weniger effektiv wahrgenommen. Außerdem sind bei einer LRS spezifische Funktionen von Neuronen des sogenannten „großzelligen Systems“[36] im Hirnstamm gestört. Im Vergleich zur auditiven Wahrnehmung ist die Bedeutung der visuellen Wahrnehmung als geringer einzuschätzen.[37]

Orthografisches Wissen

Mit dem Begriff des „orthografischen Wissens“ ist eine Art wortspezifisches Gedächtnis gemeint. In den wenigen bislang vorliegenden Studien wurde ein „mittelhohe[r] Zusammenhang“[38] zwischen orthografischem Wissen und Lese-Rechtschreib-Schwierigkeiten nachgewiesen.

Umweltfaktoren

Die Umweltfaktoren (z. B. Geschlecht der Eltern, Familiengröße, Mutter-und-Kind-Interaktion) wurden laut Schulte-Körne als Auslöser für die Ausprägung einer Legasthenie in der Vergangenheit erheblich überbewertet.[39] Aktuell stehen neurobiologische und genetische Faktoren bei der Aufklärung der LRS im Vordergrund. Allerdings wirkt es sich nachweislich positiv auf die Entwicklung von Schülern mit einer LRS aus, wenn sie durch die Eltern Unterstützung in allen schulischen Belangen erfahren und wenn sie sowohl in der Familie als auch in der Schule emotional gestärkt werden.

8.3 WAS IST ZU TUN BEI EINEM VERDACHT AUF LEGASTHENIE?

Wenn bei einem Schüler ein Verdacht auf Legasthenie vorliegt, muss eine LRS-Diagnostik durchgeführt werden.

35 Vgl. Schulte-Körne, Gerd/Remschmidt, Helmut: Legasthenie – Symptomatik, Diagnostik, Ursachen, Verlauf und Behandlung. In: Deutsches Ärzteblatt (3/2003), S. 136.

36 ausgedehntes Neuronenwerk, das für sensorische und motorische Funktionen zuständig ist

37 Vgl. beispielsweise die Informationen zu möglichen Ursachen der Legasthenie auf der Homepage des Universitätsklinikums München: http://www.kjp.med.unimuenchen. de/forschung/legasthenie/ueberblick.php#10

38 Ebd., S. 136.

39 Vgl. ebd., S. 137.

Wie wird eine Legasthenie diagnostiziert?

Zunächst wird beim Kinderarzt ein Seh- und Hörtest durchgeführt, um organische Ursachen für die Lese-Rechtschreib-Schwierigkeiten auszuschließen.

Bei unauffälligen Befunden folgen dann im Anschluss testpsychologische Untersuchungen bei einem Kinder- und Jugendpsychiater, einem Psychologen oder einem Psychotherapeuten. Dieser Experte führt zunächst einen IQ-Test durch. Das Ergebnis des IQ-Tests muss mindestens um den Wert 100 herum liegen; erst dann wird die Legasthenietestung fortgesetzt und ein Lese-Rechtschreib-Test durchgeführt. Es gibt also keine „dummen" Legastheniker! Würde der Intelligenztest unterdurchschnittlich ausfallen und der Lese-Rechtschreib-Test ebenfalls, dann spräche man von einer allgemeinen Lernbehinderung und nicht von einer Teilleistungsstörung.

Die Ergebnisse des IQ-Tests und des Lese-Rechtschreib-Tests werden in Prozenträngen angegeben und in sogenannte T-Werte[40] umgerechnet.

Geeignete Intelligenztests sind beispielsweise der *Hamburg-Wechsler-Intelligenztest* (HAWIK) und der *Grundintelligenztest Skala 2* (CFT 20). Als Lese-Rechtschreib-Test werden z. B. der *Salzburger Lese- und Rechtschreibtest* (SLR), der *Westermann Rechtschreibtest* (WRT), der *Deutsche Rechtschreibtest* (DRT) oder auch die *Hamburger Schreib-Probe* (HSP) eingesetzt.[41]

Wenn die Differenz der beiden Testformen mindestens 12 (!) ergibt und im Testergebnis des Rechtschreibtests ein T-Wert unter 37 erzielt wurde, liegt eine Teilleistungsschwäche vor.[42] Bei einem Ergebnis unter Prozentrang 15 im Lese- oder Rechtschreibtest spricht man von einer „Legasthenie" beziehungsweise von *„besonderen Schwierigkeiten im Lesen und Rechtschreiben"*.[43] Der Prozentrang ist immer auf den Wert 100 bezogen. Am Beispiel von Prozentrang 15 bedeutet dies, dass 85 Prozent aller Schüler derselben Klassenstufe bessere Ergebnisse erzielen.

Ergebnisse der IQ-Tests und der Lese-Rechtschreib-Tests von Regel- und Förderschülern zeigen, dass bei Legasthenikern eine besonders starke Differenz zwischen ihrem IQ und ihrer Lese-Rechtschreib-Fähigkeit vorliegt.

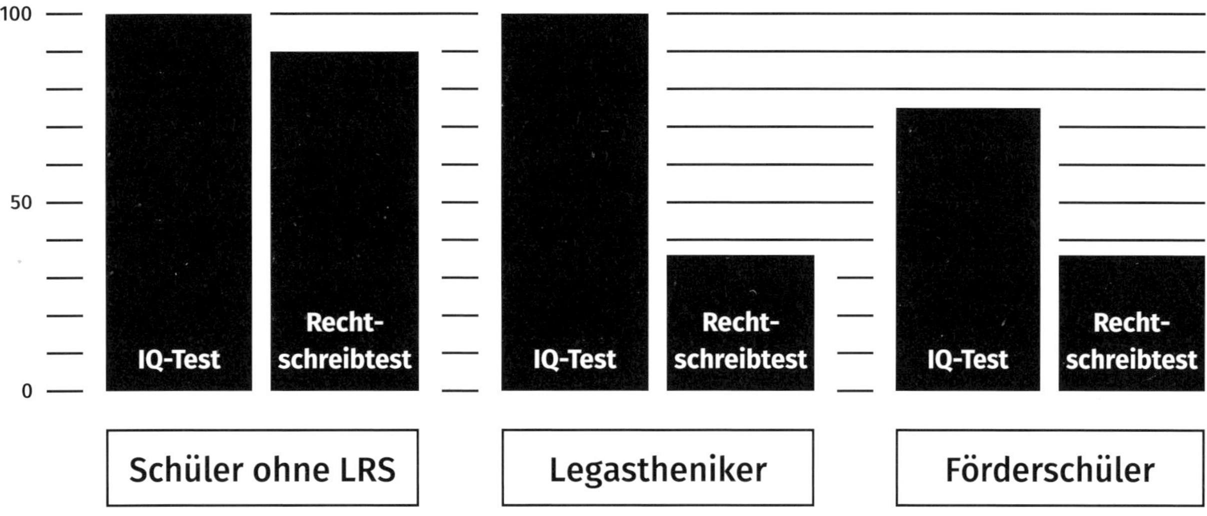

40 Der T-Wert ist ein mathematischer Wert, der der Vergleichbarkeit der einzelnen Tests untereinander dient.
41 http://www.kjp.med.uni-muenchen.de/forschung/legasthenie/diagnose.php
http://www.kjp.med.uni-muenchen.de/download/TestverfahrenzurDiagnostik1.pdf
42 Vgl. http://www.legasthenietherapie-info.de/legasthenie-test.html
43 Vgl. https://edoc.ub.uni-muenchen.de/5733/1/Steinhauser_Susanne.pdf, S. 107.

Die einzelnen Schritte bei einem Verdacht auf LRS zusammenfassend im Überblick:

1) **Diagnostik** durchführen lassen

2) **Antrag** beim Jugendamt stellen (Die Eltern müssen einen Fragebogen ausfüllen, den sie vom Jugendamt erhalten. Achtung: Es sollte ihnen im Vorhinein geraten werden, beim Ausfüllen einen Experten zurate zu ziehen, der sich mit den Bewilligungskriterien auskennt.

3) **Schulauskunft** erstellen beziehungsweise einholen

Ein Antrag, der beim Jugendamt eingereicht wird, muss neben dem Fragebogen unbedingt die Ergebnisse der Diagnostik sowie die Schulauskunft enthalten. Wichtig für einen erfolgreichen Antrag ist des Weiteren, dass in allen drei Komponenten des Antrags eine **Teilhabebeeinträchtigung am gesellschaftlichen Leben des Kindes** herausgearbeitet wird. Die Mitarbeiter des Jugendamtes argumentieren ansonsten möglicherweise, dass zwar Lese- beziehungsweise Rechtschreibschwierigkeiten beim jeweiligen Schüler bestehen mögen, er aber dadurch noch lange nicht daran gehindert werde, am gesellschaftlichen Leben teilzuhaben.

Die Kostenübernahme durch das Jugendamt (§ 35 KJHG) erfolgt übrigens unabhängig vom elterlichen Einkommen. Außerdem gilt eine ausgesprochene **Bewilligung ab Datum der Antragstellung**. Das bedeutet, es kann Sinn machen, den Antrag schon frühzeitig zu stellen, auch wenn möglicherweise die Schulauskunft noch fehlt. Ist der Antrag mit dem Vermerk versehen, dass das fehlende Dokument so schnell wie möglich nachgereicht wird, muss der Antrag angenommen und eine eventuelle Bewilligung auch rückwirkend ausgesprochen werden. Ist der Antrag eingereicht, sollten Eltern den Kontakt mit Therapieeinrichtungen aufnehmen. Eine Liste aller zugelassenen Therapeuten erhalten Eltern beim jeweiligen Jugendamt.

Wenn Eltern dies wünschen, können sie die Therapie ihres Kindes – nach erfolgter Diagnostik – auch selbst bezahlen und damit die Antragstellung umgehen.

9 ELTERNBERATUNG

Wie in 8.3 bereits erläutert wurde, müssen Eltern, die einen Antrag auf Förderung stellen, einen Fragebogen ausfüllen, den sie vom Jugendamt erhalten. Dies ist im Detail nicht ganz einfach für jemanden, der sich nicht mit den Bewilligungskriterien auskennt und nur nach bestem Wissen und Gewissen die Fragen bezüglich seines Kindes beantwortet. Es gilt selbstverständlich, die Fragen wahrheitsgemäß zu beantworten, dabei aber den Fokus auf die Aspekte zu legen, die nicht reibungslos laufen, bei denen es also Schwierigkeiten oder Konflikte gibt.

Mit der Art und Weise, wie die Fragen beantwortet werden, müssen die Eltern dazu beitragen, dass für die Jugendamtsmitarbeiter die seelische Behinderung **sowie** die Teilhabebeeinträchtigung am gesellschaftlichen Leben erkennbar werden. Grotesk an dieser Situation ist, dass es in der Regel ein erklärtes Ziel der meisten Eltern ist, die Defizite ihres Kindes auszugleichen, ihnen in der Familie Halt und Unterstützung zu geben oder auch Freizeitaktivitäten wie Sport zu fördern, damit ihr Kind nicht in einen Teufelskreis gerät und es nicht immer weiter in die „Versagensspirale" hineinrutscht.

Im Elternfragebogen können unter anderem Fragen und Auskünfte wie diese gestellt beziehungsweise eingefordert werden:

- **Mein/Unser Kind ist von einer seelischen Behinderung wie folgt betroffen:**
  Hier könnten z. B. folgende Stichworte fallen:
  Anpassungsschwierigkeiten, Versagensängste, unkontrollierte Wutausbrüche, geringes Selbstwertgefühl/Selbstvertrauen, körperliche Beschwerden, häufige Erkrankungen, regelmäßige Medikamenteneinnahme

- **Mein/Unser Kind leidet aufgrund der Legasthenie. Dies äußert sich folgendermaßen:**
  Hier könnte z. B. folgendermaßen argumentiert werden:
  fehlende Ausdauer bei Hausaufgaben/Klassenarbeitsvorbereitungen; fehlendes Konzentrationsvermögen über einen längeren Zeitraum; das Kind hält sich selbst für dumm; das Kind tut viel für die Schule und schreibt trotzdem schlechte Noten

- **Beziehung zu anderen Familienmitgliedern**
  Unter diesem Punkt könnten z. B. folgende Punkte aufgeführt werden:
  Konflikte in der Familie, Konflikte/Rivalität mit Geschwistern, Disziplinierungsschwierigkeiten, Rückzug vom Familiengeschehen, Trennung der Eltern, ständig wiederkehrende Konflikte der Ehepartner untereinander bezüglich der Schulleistungen des Kindes, Tod eines Elternteils

- **Freizeitaktivitäten:**
  Bei Fragen zur Freizeitgestaltung ist es wichtig, deutlich zu machen, was das Kind, bedingt durch die schulische Situation, alles **nicht** tun kann, z. B.:
  kaum Zeit für Freunde/Vereine/Freizeitaktivitäten, täglich mehrere Stunden für Hausaufgaben, hoher Zeitaufwand für Arbeitsvorbereitungen, *Rückzug aus sozialen Kontakten*
  Wenn stattdessen alle möglichen Hobbys und Interessen des jeweiligen Kindes aufgeführt werden, ist es schwer, die Teilhabebeeinträchtigung am gesellschaftlichen Leben nachzuweisen.

- **Schulische Situation:**
  Unter diesem Punkt sollte dazu Stellung bezogen werden, ob das Kind gern zur Schule geht. Auch wie es mit dem Lehrer zurechtkommt und ob es Schulfreunde hat, kann Erwähnung

finden. Hier können auch Konflikte mit Mitschülern/Lehrern, körperliche Beschwerden oder Angstgefühle vor Klassenarbeiten angesprochen werden. Außerdem sollten eine eventuell bestehende Neigung zur Resignation sowie Lernverweigerungstendenzen oder aber eine partielle Lernunlust erwähnt werden. Auch eine Klassenwiederholung oder aber die gefährdete Versetzung sollten an dieser Stelle vermerkt werden.

Tipps für Lehrer im Elterngespräch

Eltern sollte verdeutlicht werden, dass es wichtig ist, ihrem Kind zu erklären, was eine Rechtschreibschwäche ist, damit nicht das Gefühl aufkommt, zu versagen oder dumm zu sein.

Zudem sollten Eltern ihr Kind dadurch ermutigen, dass sich die Situation durch gezieltes Lernen und entsprechende Hilfestellung durch inner- oder auch außerschulische Förderung verbessern kann. Im Gespräch sollte Eltern geraten werden, zu vermitteln und ihren Kindern auch zuzutrauen, aktiv am Abbau ihrer Rechtschreibschwäche mitzuarbeiten und ihre Schwächen zu überwinden.

Zu Hause sollten Eltern in erster Linie Bezugspersonen und Familienmitglieder sein. Sie können weder die Nachhilfelehrer- noch die Therapeutenrolle übernehmen, sondern sollten für alle anderen Bedürfnisse ihrer Kinder der Ansprechpartner sein. Es sollte ihnen geraten werden, die schulischen Belange nach Möglichkeit aus der Eltern-Kind-Beziehung auszuklammern. Für die Hausaufgabenbetreuung sollten entweder entfernte Familienmitglieder, Nachbarn oder Fachleute (z. B. ein Nachhilfeinstitut) zuständig sein. Die Überforderungs- beziehungsweise Versagensspirale muss zu Hause unbedingt durchbrochen werden.

Sowohl Schüler als auch Eltern müssen darauf vorbereitet werden, dass es Zeit und Ausdauer braucht, um eine Lese-Rechtschreib-Schwäche Stück für Stück abzubauen. Eine LRS hat sich über Jahre hinweg entwickelt und benötigt dementsprechend viel Zeit, um wieder abgebaut zu werden. Ungeduld ist hier fehl am Platz. Kinder und Jugendliche brauchen unbedingt die (emotionale) Unterstützung ihrer Eltern – und die Eltern die Rückendeckung der Lehrer!

Auch kleinste Lernerfolge müssen gesehen und benannt werden. Eltern sollten deshalb ermuntert werden, die Mühe und den Fleiß, den ihr Kind zeigt, zu würdigen und gemeinsam mit ihm eine Wunschliste (z. B. Eislaufen, Spielabend, Kinobesuch) zu erstellen und diese dann „abzuarbeiten".

Es ist hilfreich, wenn Lehrkraft und Eltern in Kontakt stehen und sich über Lernfortschritte austauschen. Eventuell kann gemeinsam mit den Eltern ein Kooperationsprotokoll erstellt werden, dass klärt, wie die Eltern ihr Kind zu Hause wirkungsvoll unterstützen können.

10 KINDER MIT LEGASTHENIE UND LRS AN DER WEITERFÜHRENDEN SCHULE

Bei Schülern in der SEK I findet man häufig sehr unterschiedliche Störungsbilder einer Lese-Rechtschreib-Schwäche, die sich dadurch, dass sie bereits seit der Grundschulzeit bestehen, meist schon sehr verfestigt haben. Außerdem existieren oft emotionale Barrieren dem Lesen- und Schreiben gegenüber. In vielen Fällen treten diese Schwierigkeiten auch in den Fremdsprachen auf und beeinflussen dadurch zusätzlich die weitere schulische Entwicklung an der weiterführenden Schule negativ.

Wenn die Probleme massiv sind, können sie leicht zu einem globalen Schulversagen führen, da insbesondere das Lesen eine fächerübergreifende Kompetenz darstellt, die eine Grundvoraussetzung für den Erwerb von Wissen ist. Die Vor- und Nachbereitung fast aller Fächer ist intensiv mit dem Lesen verbunden. Gerade auch über die SEK I hinaus, z. B. im Rahmen der Berufsausbildung, ist der Umgang mit Texten zwingend erforderlich. Oft ist besonders für die älteren Schüler eine Lese-Rechtschreib-Problematik eine große Belastung, die nicht selten zu psychischen Problemen führt. So kann es z. B. im Fach Mathematik leicht zum Verwechseln der x- und der y-Achse kommen, im Fach Chemie werden durch Leseschwierigkeiten die Substanzen *„Sulfit“* und *„Sulfat“* vertauscht und in Fach Musik bereitet häufig das Notenlernen Probleme. Ebenso werden Arbeitsanweisungen in Klassenarbeiten oft ungenau gelesen oder die Schüler benötigen für das Lesen und Verstehen der Aufgabenstellungen deutlich mehr Zeit, sodass die effektive Arbeitszeit zum Erarbeiten der geforderten Lösung bei Legasthenikern deutlich geringer ist als bei nicht betroffenen Schülern.

Je höher die Klassenstufe und je anspruchsvoller die Schulform, desto weniger Legastheniker finden sich in den Klassen, da ungewollt vorher eine „natürliche Auslese“ stattfindet. Deshalb sollte nicht allein der vermeintliche IQ-Wert eines Schülers ausschlaggebend für eine Schulempfehlung sein. Wichtig in diesem Zusammenhang sind

- die Lernmotivation,
- die Leistungsbereitschaft,
- die Fähigkeit, Lernstrategien anwenden zu können,
- die Konzentrationsfähigkeit.

Zunächst sollte in der weiterführenden Schule jedoch abgeklärt werden, ob bei dem jeweiligen Schüler eine „periphere Auffälligkeit“ vorliegt, bei der die Nichtbeherrschung der orthografischen Regeln im Vordergrund steht, oder ob man vom „Vollbild LRS“ ausgehen muss, das eine hohe Fehlerzahl, gepaart mit Wahrnehmungs-, Sprachfunktions- und Lesestörungen, beinhaltet. Bei der Entscheidung darüber, welche Schüler einer Klasse als rechtschreibschwach eingestuft werden, gibt es erfahrungsgemäß auch viele Übergangsphänomene und Zweifelsfälle. Hilfreich ist hierbei, wenn zu Beginn eines neuen Schuljahres bis zu den Herbstferien mindestens drei Diktate geschrieben werden, um so einen Förderbedarf zu erkennen. Anhaltspunkt hierfür ist dabei alleine die überproportional hohe Fehlerzahl. Die Förderung sollte dann unmittelbar nach den Herbstferien einsetzen. Auch wenn in der Schule kein Rechtschreibtest durchgeführt werden muss, kann zur Erfassung der Rechtschreibleistung der Einsatz der HSP (Hamburger Rechtschreibprobe 4/5 oder HSP 5-9) hilfreich sein. Für höhere Altersklassen sind der RST (Rechtschreibtest – Neue Rechtschreibung ab < 14 Jahren) oder der R-T (Rechtschreibtest ab 15 Jahren) vorzuziehen.[44]

44 Vgl. Landesverband Legasthenie und Dyskalkulie Hessen e. V.: Von der Diagnose zum fördernden Unterricht – Ein Legasthenieratgeber für Lehrende. 4. Auflage, 2009, S. 79 ff.

Die Förderung sollte in der SEK I möglichst über den strukturierten Schriftspracherwerb hinausgehen, verschiedene Wahrnehmungskanäle mit einbeziehen (siehe hierzu auch Kap. 5) und sich an den perzeptiven Stärken und Schwächen der Schüler orientieren. Im LRS-Kurs wäre es hilfreich, wenn der Deutschunterricht vertieft beziehungsweise erweitert würde und mit diesem nach Möglichkeit in Verbindung stünde. Hierzu bedarf es genauer Absprachen unter den beteiligten Lehrkräften.[45] Die Kursgröße sollte nicht mehr als acht Schüler umfassen und diese müssen außerdem über gut geordnete Lern- und Arbeitsstrukturen verfügen, damit die Förderung wirksam werden kann. Wenn es organisatorisch ermöglicht werden kann, wäre es hilfreich, wenn die Lehrkraft, die in einer Jahrgangsstufe den Deutschunterricht durchführt, auch gleichzeitig die Förderkurse anbietet. Sinnvoll wäre ein Kursangebot, welches zwei Wochenstunden umfasst.[46]

Auch die Eltern sollten in die schulische Förderung mit einbezogen werden. Eine Anamnese zu Beginn sowie der Überblick über das Konzept und den tatsächlichen Verlauf der schulischen Förderung und evtl. Unterstützungsmöglichkeiten im häuslichen Umfeld stellen eine wichtige Voraussetzung für eine gelingende Förderung dar (siehe auch 9).

Reicht in schwerwiegenden Fällen eine schulische Förderung nicht aus, kann eine außerschulische Förderung hilfreich sein und notwendig werden. In diesem Fall sind dann von den Eltern, gemeinsam mit dem Schüler, entsprechende Diagnostiker aufzusuchen (siehe hierzu auch 8.3).

Im Falle einer vorliegenden Diagnose können sowohl der Nachteilsausgleich als auch der Notenschutz in der Sekundarstufe I gewährt werden. Wenn Notenschutz gewährt wird, muss dies im Zeugnis vermerkt werden. Die Anwendung des Nachteilsausgleichs hingegen muss nicht erwähnt werden. Wichtig ist, dass der Nachteilsausgleich oder der Notenschutz in allen Fächern gewährt werden sollte. Für den Notenschutz gilt: Klassenkonferenz und Schulleitung entscheiden bis Klassenstufe 10.

Als konkrete Hilfen für den alltäglichen Unterricht sind zu nennen:

- Kästchenpapier für die bessere Lesbarkeit und Einhaltung der Ober- und Unterlängen verwenden
- betroffene Schüler vorne sitzen lassen
- Kopien mit großer, deutlicher Schrift herausgeben
- klare Strukturen auf allen Arbeitsblättern sowie im Tafelbild

Diktathilfen

- Lückentexte
- langsame Steigerung der Lückenwörter
- bei der Korrektur Fehlerschwerpunkte auswählen (**Nie** ein ganzes Diktat berichtigen lassen!)
- Außerdem sollten LRS-Schüler grundsätzlich nur richtige Wortbilder sehen, damit nicht das falsche Wortbild im visuellen Gedächtnis gespeichert wird.
- Positivbewertungen formulieren (z. B. *„Super! Du hast schon [...] Wörter richtig geschrieben. Das sind [...] mehr als letztes Mal.“*)

Hausaufgaben

- weniger umfangreich, dafür gehaltvoll (lieber fünf Grammatiksätze zum Nachdenken als 25 oberflächliche Sätze zum Wiederholen)
- differenziertes Arbeiten ermöglichen
- Einsatz von Hörbüchern und PC
- Programm, welches einem Texte vorliest, einsetzen

45 Vgl. ebd., S. 95.
46 Vgl. ebd., S. 106.

Grundsätzlich gilt: Das Abschreiben von der Tafel ist für Legastheniker äußerst schwierig. Stattdessen könnten die Unterrichtsergebnisse, falls vorhanden, auf einem interaktiven Whiteboard festgehalten und per E-Mail nach Hause geschickt werden. Alternativ könnten Ergebnisse auch von der Tafel abfotografiert werden.

In diesem Zusammenhang sei darauf hingewiesen, dass reine Abschreibübungen völlig sinnlos und sogar schädlich sind. Es wird hiermit ein rein mechanisches Lernen unterstützt, ohne das die Schüler verstehen, was sie da tun. Sie brauchen nicht über die korrekte Schreibweise nachzudenken, weil ja alles ohnehin richtig da steht. Gerade wenn auch noch Schwierigkeiten bei der Auge-Hand-Koordination und/oder Blicksprüngen hinzukommen, sind Schüler durch sinnentleerte Abschreibübungen doppelt überfordert.[47]

47 ebd.

11 ANHANG

11.1 DIE RECHTSCHREIBTREPPE

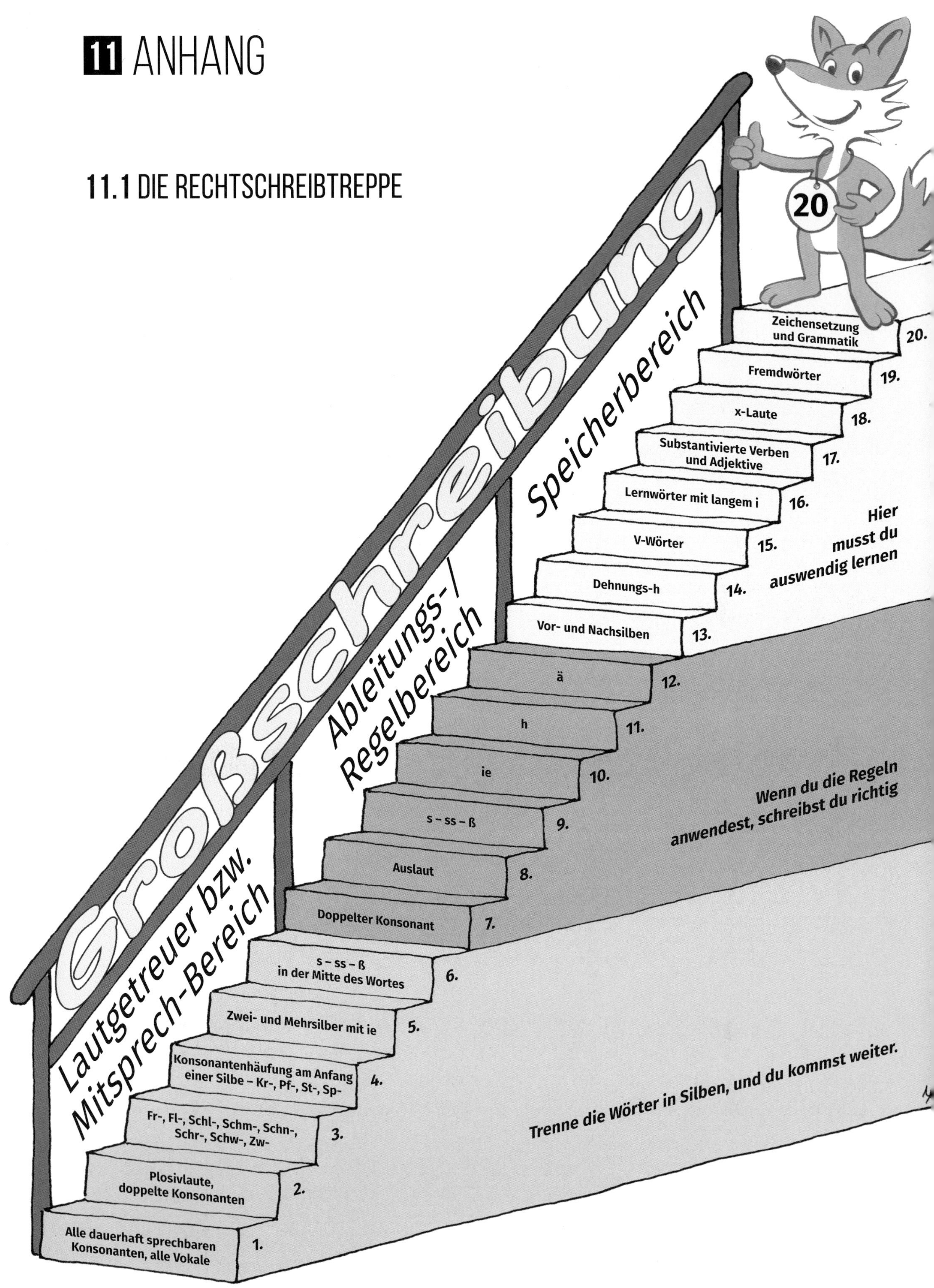

11.2 FEHLERANALYSEBOGEN

***Lautgetreuer Bereich** (Wörter werden so geschrieben, wie ich sie höre)*

1. Stufe	**2. Stufe**	**3. Stufe**	**4. Stufe**	**5. Stufe**	**6. Stufe**
alle Vokale, dauerhaft sprechbare Konsonanten (*f, m, n, s, w, l, h, r,* j, z)	P/p, B/b, G/g, K/k, D/d, T/t; Doppelkonsonanten (z. B. *ss, tt*), Konsonantenhäufung am Silbenende (z. B. *-lf, -lm*)	dauerhaft sprechbare Konsonanten am Silbenanfang (z. B. *Fr-, Schl-*)	Konsonantenhäufung am Silbenanfang (z. B. *Bl-, Tr-; Pf-, Pfl-; Qu-/qu-; St-, Sp-*)	Zwei- und Mehrsilber mit *i* und *ie*	*s, ss, ß* in der Wortmitte

Fehler gesamt:

Großschreibung

Fehler gesamt:

Ableitungsbereich

7. Stufe	**8. Stufe**	**9. Stufe**	**10. Stufe**	**11. Stufe**	**12. Stufe**
Doppelkonsonanten	Auslaute	*s, ss, ß*	*ie*	*h*-Wörter	*ä/e, äu/eu*

Fehler gesamt:

Speicherbereich

13. Stufe	**14. Stufe**	**15. Stufe**	**16. Stufe**	**17. Stufe**	**18. Stufe**
Vor- und Nachsilben	Längenzeichen (z. B. *ah, uh, oo*)	V/v	*i: = I*	substantivierte Verben und Adjektive, x-Laute	Fremdwörter, Grammatik, Zeichensetzung

Fehler gesamt:

11.3 KASINO-SPIEL

Spielanleitung

- Aus einem zu übenden Bereich werden sieben Wörter ausgewählt. (Je nach Zeitfenster können auch mehr Wörter gewählt werden. Allerdings müssen sich die Schüler dann noch die entsprechenden Spielchips dazumalen und die Spielplantabelle muss erweitert werden.)

- Das erste Wort wird diktiert. Jeder Schüler schreibt das Wort auf und überlegt dabei, ob er es einfach oder schwer findet.

- Ist es für ihn schwer, dann sollte er einen niedrigen Einsatz wählen. Findet er es leicht, lohnt es sich, einen höheren Spielchip einzusetzen. Jeder Spielchip darf nur einmal verwendet werden. Anschließend wird er oben auf dem Spielplan durchgestrichen.

- Bei richtiger Schreibung erhält der Schüler den doppelten Einsatz als Gewinn. Bei falscher Schreibung gewinnt er den einfachen Einsatz als (als Belohnung für die Mühe und das Aufschreiben).

- Der Einsatz muss vor Bekanntgabe der richtigen Lösung gewählt werden. Er wird in der linken Spalte des Spielplans notiert.

- Nach dem Vergleichen des geschriebenen Wortes wird der erspielte Gewinn vom Lehrer oder einem Partner in der rechten Spalte festgehalten. Danach wird das Wort gegebenenfalls noch einmal richtig von der Tafel abgeschrieben.

- Wurden alle Wörter diktiert, zählen die Schüler ihren Gewinn zusammen. Gewonnen hat der Spieler mit den meisten Punkten.

Achtung: Die Korrektur sollte in Anlehnung an die Fehlerkorrekturmethode von Brigitte Sindelar durchgeführt werden! (siehe 5.2)

Bei Partnerkorrektur:
Nach dem Schreiben tauschen die Partner ihre Blätter aus. Sie überprüfen das Wort und vergeben die Punkte. Ist das Wort richtig geschrieben ist, werden die Blätter zurückgetauscht. Hat sich ein Fehler eingeschlichen, streicht der korrigierende Schüler das Wort durch und gibt das Blatt zurück. Dann wird das Wort noch einmal richtig von der Tafel abgeschrieben, ehe das nächste Wort diktiert wird.

Bei Lehrerkorrektur:
Die Lehrkraft geht durch die Reihen und vergibt die Punkte. Entdeckt sie ein falsch geschriebenes Wort, streicht sie dieses durch und schreibt es richtig an die Tafel. Jetzt müssen alle, die es falsch geschrieben hatten, das Wort noch einmal richtig von der Tafel abschreiben.

Kasino-Spielplan

Wort Nr.	Einsatz	Wort	Gewinn
1			
2			
3			
4			
5			
6			
7			
		Gewinn insgesamt:	

11.4 WEITERE SPIELIDEEN

Bingo: i – ie

- Jeder Schüler erhält ein DIN-A4-Blatt.
- Das Blatt wird nacheinander zweimal längs und zweimal quer gefaltet, sodass, nachdem das Blatt wieder aufgeklappt wird, 16 kleine, rechteckige Felder entstanden sind.
- Zuvor werden 16 Wörter aus dem jeweils bearbeiteten Bereich auf einzelne Zettel geschrieben.
- Nun zieht einer der Schüler das erste Wort, liest es vor und die anderen schreiben es in ein freies Feld. Anschließend schreibt der Schüler, der gelesen hat, das Wort auch auf sein Blatt und zudem an die Tafel. Die anderen korrigieren gegebenenfalls ihr Wort.
- Dann ist der nächste Schüler an der Reihe.
- Wurden alle Wörter aufgeschrieben, werden die Zettel in eine Kiste gelegt und neu gemischt.
- Anschließend wird neu gezogen und das vorgelesene Wort auf dem Zettel angekreuzt.
- Wer zuerst vier Kreuze in einer Reihe (senkrecht, waagerecht oder diagonal) hat, ruft: „Bingo!"
- Es gewinnt der Spieler, der als Erstes drei Reihen vollständig hat.

Händespiel (am Beispiel s, ss, ß)

- Jeder Schüler erhält ein farbiges DIN-A4-Blatt oder ein Stück Tonkarton und eine Schere.
- Auf das Blatt malt er dreimal seine Hand auf. Die Hände werden später die Spielfelder.
- Nun werden die Hände sorgfältig ausgeschnitten.
- Jetzt schreibt jeder Schüler gut lesbar auf jede ausgeschnittene Hand ein *s*-Wort, ein *ß*-Wort und ein *ss*-Wort, allerdings wird das *s*, *ß* oder *ss* ausgespart und eine Lücke gelassen.
- Die Lehrkraft schneidet währenddessen ebenfalls Hände aus und denkt sich Zusatzaufgaben aus. Zudem gestaltet sie eine Start- und eine Zielhand.
- Alle Hände werden auf den Tisch gelegt – so entsteht der Spielplan.
- Zum Schluss bastelt jeder eine Spielfigur
- Das Spiel beginnt, indem ein Spieler würfelt und seine Figur entsprechend viele Schritt vorwärtsbewegt.
- Nun liest er das Wort und versucht, den richtigen *s*-Laut einzusetzen.
- Setzt er den richtigen Laut ein, darf er stehen bleiben. Ansonsten muss er ein Feld zurückgehen.
- Dann ist der nächste Spieler an der Reihe.
- Rauswerfen ist nicht erlaubt.
- Gewonnen hat der Spieler, der zuerst das Ziel erreicht.

QUELLENVERZEICHNIS

Beigel, Dorothea: Bildung kommt ins Gleichgewicht: „Guten Morgen, liebes Knie!“ Ein Gleichgewichtsprogramm zur Lernunterstützung (mit Begleitheft). Borgmann Media 2015.

Hüther, Gerald: Auf dem Weg zu einer anderen Schulkultur – Die Bedeutung von Geist und Haltung aus neurobiologischer Sicht (einsehbar unter: http://www.deutschlehrerzentrum.uni-goettingen.de/docs/materialien/DLT_Huether_Schulkultur.pdf).

ICD-10 (einsehbar unter: http://www.icd-code.de/icd/code/F81.1.html).

Klieme, Eckhard/Steinert, Brigitte: Schulentwicklung im Längsschnitt. Ein Forschungsprogramm und erste explorative Analysen. In: Prenzel, Manfred/Baumert, Jürgen (Hrsg.): Vertiefende Analysen zu PISA 2006. Zeitschrift für Erziehungswissenschaft, Sonderheft 10, Springer 2008, S. 221–238.

Klicpera, Christian/Gasteiger-Klicpera, Barbara: Lesen und Schreiben-Entwicklung und Schwierigkeiten: Die Wiener Längsschnittuntersuchungen über die Entwicklung, den Verlauf und die Ursachen von Lese- und Schreibschwierigkeiten in der Pflichtschulzeit. Huber Verlag 1993.

Landesverband Legasthenie und Dyskalkulie Hessen e. V.: Von der Diagnose zum fördernden Unterricht – Ein Legasthenieratgeber für Lehrende. 4. Auflage, April 2009.

Milz, Ingeborg: Sprechen, Schreiben, Lesen. Teilleistungsschwächen im Bereich der gesprochenen und geschriebenen Sprache. Ein Handbuch für Lehrer, Therapeuten und Eltern. Winter Verlag 2001, S. 234.

Most, Nele/Kunstreich, Pieter: Wenn die Ziege schwimmen lernt. Parabel Verlag 2004.

Plass, Jürgen: Klassenclown, Quatschliesel & Co. Der Elternratgeber für schwierige Erziehungssituationen. Compact 2006.

Rosebrock, Cornelia/Nix, Daniel: Grundlagen der Lesedidaktik und der systematischen schulischen Leseförderung. Schneider Verlag 2010.

Schulte-Körne, Gerd/Remschmidt, Helmut: Legasthenie – Symptomatik, Diagnostik, Ursachen, Verlauf und Behandlung. In: Deutsches Ärzteblatt (3/2003).

Sindelar, Brigitte: Mein Kind ist doch nicht dumm – Teilleistungsschwächen als Ursache von Legasthenie, Leseschwäche, Rechenschwäche. Verlag Austria Press 2000.

Sindelar, Brigitte: Handanweisung zum Verfahren zur Erfassung von Teilleistungsschwächen. 6. überarbeitete Auflage, Verlag Austria Press 2002.

Sindelar, Brigitte: Partielle Entwicklungsdefizite in der Informationsverarbeitung: Teilleistungsschwächen als Ursache kindlicher Lern- und Verhaltensstörungen. 2. überarb. Aufl., Austria Press 2011.

Sindelar, Brigitte/Hejze, Dorit/Langer, Vivien: Das Fehlerkillerprojekt: Leistungsmotivation und Lernerfolg bei Volksschulkindern. In: Pädiatrie & Pädologie, 47 (2011), S.23–27.

Wettstein, Peter/Rey, Annemarie: Kognitive Wahrnehmungs- und Sprachförderung, Westermann 2004.

BILDNACHWEISE

Mehrebenen-Ursachenmodell © Gerd Schulte-Körne/Gerd Remschmidt

Baumgrafiken © Nataly Meenen (nach Vorlagen von Dr. Brigitte Sindelar)

Messer, Fliege, Schlange, Glühbirne © Nataly Meenen

WEITERFÜHRENDE LITERATUREMPFEHLUNGEN

Clarkson-Grabs, Tanja: Va-ri-a-bo-lus. Ein Schnelllese-Training zur Steigerung der lautgetreuen Lesegeschwindigkeit. Kiel 2006.

Crone, Eveline: Das pubertierende Gehirn. München 2011.

Hüther, Gerald: Was wir sind und was wir sein können. Ein neurobiologischer Mutmacher. Frankfurt am Main 2011.

Mann, Christine u. a.: LRS Legasthenie. Prävention und Therapie. Weinheim 2001.

Tacke, Gero: Flüssig lesen lernen. Ein Leseprogramm für den differenzierenden Unterricht, für Förderkurse und für die Freiarbeit. Klasse 4 und 5 der Grund- und Hauptschule. Donauwörth 2007.

Wild, Edmund: Strategisches Lesetraining. 5.–8. Schuljahr. Buxtehude 2010.